北京发展改革丛书

京津冀
城市群若干问题研究

北京市经济与社会发展研究所
北京市发展改革政策研究中心首都高端智库 ◎著

RESEARCH ON THE SEVERAL
ISSUES OF BEIJING–TIANJIN–HEBEI
MEGALOPOLIS

经济管理出版社
ECONOMY & MANAGEMENT PUBLISHING HOUSE

图书在版编目（CIP）数据

京津冀城市群若干问题研究/北京市经济与社会发展研究所，北京市发展改革政策研究中心首都高端智库著. —北京：经济管理出版社，2022.2
ISBN 978 - 7 - 5096 - 8310 - 1

Ⅰ.①京⋯　Ⅱ.①北⋯　②北⋯　Ⅲ.①城市群—城市建设—研究—华北地区
Ⅳ.①F299.272

中国版本图书馆 CIP 数据核字（2022）第 028467 号

组稿编辑：曹　靖
责任编辑：郭　飞
责任印制：黄章平
责任校对：王淑卿

出版发行：经济管理出版社
　　　　　（北京市海淀区北蜂窝 8 号中雅大厦 A 座 11 层　100038）
网　　址：www. E - mp. com. cn
电　　话：(010) 51915602
印　　刷：唐山玺诚印务有限公司
经　　销：新华书店
开　　本：720mm × 1000mm/16
印　　张：11.75
字　　数：210 千字
版　　次：2022 年 3 月第 1 版　　2022 年 3 月第 1 次印刷
书　　号：ISBN 978 - 7 - 5096 - 8310 - 1
定　　价：88.00 元

序　言

　　世界级城市群，在打破行政樊篱、整合区域经济、社会、文化、生态等功能方面的重要作用逐渐引起了世界各国的充分关注，正取代都市区成为 21 世纪参与全球竞争的基本单元，同时也是区域治理的新的空间单元。《京津冀协同发展规划纲要》和《北京城市总体规划（2016 年－2035 年）》都明确提出京津冀地区要建成以首都为核心的世界级城市群。然而，京津冀城市群距离世界级仍有较大差距。在此背景下，梳理总结世界级城市群发展的特征和趋势，研究京津冀地区建设世界级城市群的路径和举措就显得十分必要。

　　新城作为北京市域空间的重要组成部分，是京津冀城市群的重要节点，是实现首都高质量发展的重要突破口，是北京未来发展新的增长极，在构建京津冀世界级城市群空间框架中将发挥重要作用。2019 年，北京市经济与社会发展研究所课题组承接了北京市发展和改革委员会课题《新时期新城发展思路研究》，课题研究成果获得委托方和评审专家的一致赞赏，并很好地支撑了相关政策文件的研究起草。

　　世界正处于百年未有之大变局，中国已踏上社会主义现代化建设新征程，京津冀协同发展进入"滚石上山、爬坡过坎、攻坚克难"的关键阶段。面对国家战略的阶段目标、日益激烈的区域竞争以及京津冀三地自身发展的内在需要，京津冀协同发展面临新使命、新挑战，亟待提出新举措。北京市经济与社会发展研究所（北京发展改革政策研究中心）新城研究课题组在前期课题研究基础上，深化拓展相关问题研究，以"变局中的京津冀城市群发展"为主线，系统分析了处在转折"十字路口"的京津冀在建设世界级城市群过程中面临的困难和挑战，重点围绕首都功能强化、产业高质量发展、城市群空间结构优化、区域协同重大改革等维度，提出了提升京津冀城市群整体竞争力，缩小与世界级城市群差距的思路和相关措施建议。

本书围绕三大部分 8 个章节开展研究：第一部分（第 1 - 2 章），梳理总结世界级城市群建设的理论基础和发展趋势，总结提炼了北京在建设京津冀世界级城市群中的地位和作用。第二部分（第 3 章），通过与相关城市群的对比研究，分析总结了京津冀城市群与建设世界级城市群目标的差距。第三部分（第 4 - 8 章），重点研究分析了京津冀建设世界级城市群的相关路径举措。本书凝结了研究所多位领导同志的智力成果和心血，徐逸智所长对书稿给予了多方面指导，刘秀如副所长把关审阅修改了书稿全部内容，朱跃龙、刘作丽、李金亚、常艳、王术华、吴伯男、张悦、孟香君、贾君欢参与执笔写作，感谢每位同志的付出与努力。

本书得到了市发展改革委领导悉心指导以及相关处室的大力支持，在此表示感谢。有关专家对本书的部分章节提出了很好的建议，经济管理出版社的编辑同志们对本书付出了辛勤劳动，在此一并感谢。

尽管我们努力进行一些思考和研究，但由于时间紧迫，资料和精力有限，难免有一些疏漏之处，敬请批评指正。课题组将持续深化该领域研究，以期能为促进京津冀更高质量协同发展贡献智库应有力量。

编委会

2021 年 10 月 18 日

目　录

第一章　世界级城市群发展特征及趋势

第一节　城市群概念及理论演化

一、"城市群"的缘起及发展

英国是城市群理论和实证研究的发祥地，在此关于城市群的研究可以一直追溯到 19 世纪末霍华德的"田园城市"模式的提出，该模式开创了从城市群体（Town Cluster）角度研究城市的先河。20 世纪初英国的格迪斯则用区域综合规划的方法，提出了城市在扩张过程中出现的不同形态：城市区域（City Region）、集合城市（Conurbation）以及世界城市（World City），其中集合城市被看作是拥有卫星城的大城市。随后恩文在发展霍华德理论的基础上，借鉴格迪斯"集合城市"的概念，形成了"卫星城"理论，并将其应用于大城市（如伦敦）的建设与调整。此阶段内，格迪斯认为已经出现大伦敦、大巴黎、柏林——鲁尔区、匹兹堡、芝加哥、纽约等城市群。1932 年，英国学者 C. B. Fawcett 给"城市群"一个相对狭隘的定义，他认为"城市群"是城市功能用地占据的连续区域，将"城市群"限制在城市各自的建成区范围。

同期，芬兰沙里宁提出"有机疏散"理论，并在其指导下制定了"大赫尔辛基规划方案"。其他基于城市群体的规划研究，在一些大城市发展中也有体现。到了 20 世纪 30 年代，关于城市群体分布的研究开始展开，德国的地理学者克里斯泰勒首次将区域内的城市群体系统化，他的"中心地"理论被视为城市群研究的理论奠基；杰弗逊和哲夫分别对城市群体的规模分布展开理论探讨，并且后者首次将万有引力定律引入城市群的空间分析。

"二战"后，随着社会经济的飞速发展，在多学科交叉作用下，加上新科学方法与技术手段的运用，国外城市群的研究在理论方面和实践方面不断获得突破与丰富。

1957 年，法国地理学家戈特曼在《大都市带：美国东北海岸的城市化》一文中首次提出了城市群的概念，他认为，城市群应由多个发育成熟、各具特色的都市区镶嵌形成自然、社会、经济、政治、文化等多方面有机联系、分工合作的组合体，并将美国东北沿海海岸 5 个都市区连成一个由 3000 万人口聚合而成的连绵逶迤的大都市带，称为城市群。戈特曼在当时就预言，城市群是城市化的高级阶段，若干都市区的空间聚集是城市化成熟地区城市地域体系组织形式演进的趋势，城市群的空间组织形式是"人类生活空间组织形式的新秩序"，在 20 世纪至 21 世纪初成为人类高级文明的主要标志之一。1961 年，戈特曼在他出版的《城市群：东北海岸的城市化》（*Megalopolis：Or the Urbanization of the Northeastern Seaboard*）一书中，从理论上界定了城市群的内涵。他认为城市群是一个特殊的区域，其大部分为建城区，空间上由各个社区和产业区交织成星云状空间结构。

1910 年，美国人口普查局首次采用"大都市区"这一概念进行人口统计，其后由于经济政治环境的变迁，对都市区概念和区域的界定出现了不同程度的修订。1949 年定义为标准大都市区（Standard Metropolitan Area，SMA），1959 年改为标准大都市统计区（Standard Metropolitan Statistical Area，SMSA），1983 年改为大都市统计区（Metropolitan Statistical Area，MSA），1990 年改为大都市区（Metropolitan Area，MA）。

日本于 20 世纪 50 年代仿照美国的"标准都市区"定义了城市的功能地域，并逐步演化出"城市圈"的概念。所谓"城市圈"是指以一日为周期，可以接受城市某一方面功能服务的地域范围，其中心城市人口规模在 10 万以上。这一概念基本等同于美国的大都市区概念。1960 年，日本行政管理厅又提出"大都市圈"概念以代替"城市圈"。其定义为：由中心城市与周边一定数量的城市、地区共同组成的经济性区域结构。同时，日本还明确规定了"大都市圈"的范围：由一个人口规模在 100 万以上的中心城市或者是由若干个人口规模在 50 万以上的邻近城市和其周边一定数量的相邻城镇所组成的地区。

二、我国"城市群"相关研究

我国对"城市群"的研究始于20世纪80年代，其概念来源于国外的"megalopolis""metropolitan area"等术语。1983年，于洪俊、宁越敏在《城市地理概论》中用"巨大都市带"的译名向国内介绍了戈特曼的相关理论，自此以后，国内对于城市群的理论与实证研究渐渐开展起来。

20世纪80年代中后期，周一星提出都市连绵区（Metropolitan Interlocking Region，MIR）的概念，他认为MIR是以若干城市为核心，大城市与周围地区保持强烈交互作用和密切社会经济联系，沿一条或多条交通走廊分布的巨型城乡一体化区域。他分析了其形成条件，认为都市连绵区是经济高效的空间组织形式，点明了都市连绵区是城市群发展到高级空间形态的实质。

1992年，姚士谋在《中国的城市群》一书中对城市群内涵做出了界定，他认为城市群是指在特定的地域范围内具有相当数量的不同性质、类型和等级规模的城市，依托一定的自然环境条件，以一个或两个超大或特大城市作为地区经济的核心，借助于现代化的交通工具和综合运输网的通达性以及高度发达的信息网络，发生与发展着城市个体之间的内在联系，共同构成一个相对完整的城市"集合体"。姚士谋认为，城市群的形成是一个地区现代化的重要标志，它具有网络结构，与地区城市化以及城市的集聚与扩散密切相关；而城市群的发展和强化与首位城市发展紧密相关，会沿经济走廊（重要的交通干线）形成新的城市，它应该是开放性的，边界不宜强求（见表1-1）。

表 1 - 1 城市群相关概念

时间	研究者	名称	基本内涵	空间识别标准
1957 年	戈特曼	大都市带	范围广大，由多个发育成熟、各具特色的都市区镶嵌形成自然、社会、经济、政治、文化等多方面有机联系、分工合作的组合体，是城市组群发育的最高级阶段	1. 区域内城市较密集； 2. 不少大城市形成都市区，核心与外围地区有密切的社会经济联系； 3. 核心城市由方便的交通相连，各都市区之间无间隔，且联系密切； 4. 必须达到相当大的总规模； 5. 具有国际交往枢纽的作用

续表

时间	研究者	名称	基本内涵	空间识别标准
20世纪初至90年代	美国管理与预算办公室	大都市区	主要研究对象是城市及与其紧密联系的腹地	以MA为例： 1. 城市人口规模在5万以上； 2. 非农业劳动力的比例大于75%或绝对数大于1万人； 3. 人口密度不低于50人/平方英里且每10年人口增长率在15%以上； 4. 通勤率单向不低于15%或双向不低于20%
20世纪50~60年代	日本行政管理办公厅	大都市圈	其重点是在估测城市的某一力量所能涉及的范围，如先后出现的商业圈、生活圈、通勤圈。随着快速交通的发展，通勤圈要相对更大	1. 中心城市为中央指定市或人口规模100万以上，且邻近有50万人以上城市； 2. 中心城市GDP占圈内1/3以上； 3. 外围到中心城市的通勤不低于15%； 4. 圈内货物运输量至少占总量的25%； 5. 圈内总人口规模至少3000万
1986年	周一星	都市连绵区	以都市区为基本组成单元，若干大城市为核心并与周围地区保持强烈交互作用和密切社会经济联系，沿一条或多条交通走廊分布的巨型城乡一体化地区	1. 有2个以上特大城市； 2. 大型海港、空港及定期国际航线； 3. 综合交通走廊； 4. 中小城市数量较多，总人口规模2500万以上，密度达700人/平方千米； 5. 各城市、城市和外围之间联系密切
20世纪90年代至今	姚士谋、顾朝林、方创琳等	城市群	在特定的地域范围内具有相当数量的不同性质、类型和等级规模的城市，依托一定的自然环境条件，以一个或两个特大或特大城市作为地区经济的核心，借助于现代化的交通工具和综合运输网的通达性，以及高度发达的信息网络，发生与发展着城市个体之间的内在联系，共同构成一个相对完整的城市"集合体"	姚士谋： 1. 总人口规模1500万以上； 2. 具有特大超级城市； 3. 城市、城镇人口比重高； 4. 城镇人口占全省比重高； 5. 具有城市等级； 6. 交通网络密度高； 7. 社会消费品零售总额占全省比重高； 8. 流动人口占全省比重高； 9. 工业总产值占全省比重高 方创琳： 1. 大城市多于3个，且至少一个城镇人口规模大于100万； 2. 人口规模不低于2000万，城镇化率大于50%； 3. 人均GDP超过3000美元； 4. 经济密度大于500万元/平方千米； 5. 基本形成高度发达的综合运输通道； 6. 非农产业产值比率超过70%； 7. 核心城市GDP的中心度大于45%

资料来源：笔者整理。

第二节 世界级城市群概况及发展趋势

一、世界级城市群的概念及界定

世界级城市群是以一个或多个世界城市（全球城市）为核心，利用发达的交通网络、信息网络，协同周边若干大中小城市将经济、政治、文化、历史等紧密地联系在一起，在国际经济、社会发展中具有世界影响力的大型城市群落。世界公认的发达城市群主要有以伦敦为核心的英国中南部城市群、以纽约为核心的美国东北部大西洋沿岸城市群、以巴黎为核心的欧洲西北部城市群、以东京为核心的日本太平洋沿岸城市群、以芝加哥为核心的北美五大湖城市群和以上海为核心的长江三角洲城市群[①]（见表1-2）。

表1-2 世界级城市群的人口规模、地域范围比较（2016 年）

城市群	人口（万人）	面积（万平方千米）	核心城市	主要城市
美国东北部大西洋沿岸城市群	6500	13.8	纽约	45 个（包括波士顿、纽约、费城、巴尔的摩、华盛顿五大都市以及萨默尔维尔、伍斯特、普罗维登斯、新贝德福德、哈特福特、纽黑文、帕特森、特伦顿、威明尔顿等40 个中小城市）
北美五大湖城市群	5000	24.6	芝加哥、多伦多	35 个（包括芝加哥、底特律、匹兹堡、多伦多、蒙特利尔、克利夫兰、托利多 7 个大城市和 28 个中小城市）

① 1976 年，戈特曼在《城市和区域规划学》杂志发表《全球大都市带体系》一文，认为世界上已经出现 6 个城市群：第一，从波士顿经纽约、费城、巴尔的摩到华盛顿的美国东北部城市群。第二，从芝加哥向东经底特律、克利夫兰到匹兹堡的城市群。第三，从东京、横滨经名古屋、大阪到神户的日本太平洋沿岸城市群。第四，从伦敦经伯明翰到曼彻斯特、利物浦的英格兰（英国中南部）城市群。第五，从阿姆斯特丹到鲁尔和法国西北部工业聚集地的欧洲西北部城市群。第六，以上海为中心的城市群。到目前为止，这 6 个世界级城市群仍得到国内外大部分学者的认同。

续表

城市群	人口 (万人)	面积 (万平方千米)	核心城市	主要城市
日本太平洋沿岸城市群	7000	10.0	东京	100 个（包括东京、横滨、川崎、名古屋、大阪、神户、京都等人口规模超过 100 万的大城市和众多的中小城市）
英国中南部城市群	3650	4.5	伦敦	14 个（包括伦敦、伯明翰、利物浦、曼彻斯特 4 个大城市和 10 个中小城市）
欧洲西北部城市群	4600	14.5	巴黎	法国巴黎城市群：40 个（包括巴黎、里昂、阿勒弗尔等大城市和 35 个中小城市） 德国莱茵—鲁尔城市群：20 个（包括波恩、科隆、杜塞尔多夫、埃森等，其中 50 万至 100 万人的大城市有 5 个） 荷兰兰斯塔德城市群：包括阿斯姆丹、鹿特丹和海牙 3 个大城市，乌得勒支、哈勒姆、莱登 3 个中等城市以及众多中小城市，各个城市之间的距离为 10~20 千米
中国长三角城市群	15033	21.2	上海	26 个（上海，江苏的南京、无锡、常州、苏州、南通、盐城、扬州、镇江、泰州，浙江的杭州、宁波、嘉兴、湖州、绍兴、金华、舟山、台州，安徽的合肥、芜湖、马鞍山、铜陵、安庆、滁州、池州、宣城）

二、世界级城市群的主要特征

（一）具有良好的地理位置和自然条件

世界各大城市群一般都处在适宜人类居住的中纬度地带，并且都是平原地带。平原地带便于农业耕作、人类生活与交通联络，在平原地区建设城市成本较低，易于大规模发展工业生产和进行产业布局，因此，人口和城市总是向平原集中。例如，日本是一个岛国，平原面积狭窄，仅占国土面积的 24%，最大的平原是东京附近的关东平原，其次是名古屋附近的浓尾平原和京都、大阪附近的畿内平原。日本的人口和经济高度集中于这三大平原地带，在工业化过程中，这三大平原逐渐发展成日本太平洋沿岸城市群。

同时，便利的海上运输条件也有利于城市群的形成。人类经济交往与国际贸易发展绝大多数都从水路开始，水源与港口促进了城市发展。世界城市群大多沿海、沿河、沿湖而分布，这样既得内外交通之便利，又为城市的工商业发展和居民生活提供必要而充足的水源。如美国东北部大西洋沿岸城市群和日本的太平洋沿岸城市群的形成发展都与发达的海上交通运输分不开。

此外，一些煤炭、铁矿、石油等矿产资源蕴藏量丰富的区域，在工业化的初期和中期主要依托其当地丰富的矿产资源发展重化工业和能源工业；伴随着区域资源开发、基础设施建设、生产设施及其配套设施的建设，同时发展上游供应性产业和下游加工性的产业以及相应的服务性产业。比较典型的如德国的鲁尔地区、美国的五大湖城市群等。

（二）具有完整的城市等级体系

城市群是一个巨大的城市集合，不仅需要拥有一个或多个核心城市，而且还需要拥有大量中小城市，是一个包括大、中、小城市和市镇的城市群体，它们在经济、社会和文化等方面发生着密切联系，不同等级的城市承担着不同的城市功能，共同构成了一个等级完整的"金字塔"型城市综合体系。

比如美国东北部巨型城市区域，多中心"金字塔"结构明显。一方面，纽约、费城、华盛顿、波士顿、巴尔的摩5个大都市区是整个巨型城市区域的核心，是美国最大的连续城市化地区，集聚了整个巨型都市区域72%的人口，在塑造东北巨型都市区域形象中发挥了不可估量的作用。它们是推动经济发展的"发动机"，聚集了来自全国和世界的资本、知识、机构和人才；它们还是智力和文化中心，吸引和聚焦创造力，丰富当地的生活。这5座城市是美国整个经济发展和城市生活的缩影和图标，是美国整个民族的有力象征。另一方面，城市带内的小城市数量众多，不同等级规模城市数量比为1:3:8:40:76，人口数量分别占26.1%、22.2%、17.9%、21.2%、8.8%，分布相对均衡，"金字塔"结构清晰；在空间上，不同规模等级城镇布局相对成熟合理。

（三）具有高效的交通和基础设施网络体系，对外联系密切

发达、完善的交通和基础设施网络体系对城市群产业空间演化、区域一体化、综合竞争力提升具有重要作用。世界级城市群大多拥有由高速公路、高速铁路、航道、通信干线、运输管道、电力输送网和给排水管网体系所构成的区域性

基础设施网络，其中发达的铁路、公路设施更是构成了城市群空间结构的骨架。此外，发达的区域性基础设施网络有利于跨城市居住和通勤。城市群内部具有密集的交通基础设施网络，且以中心城市为核心向外延伸，城市间的地铁、轨道交通、高速公路、高速铁路等都已经基本完备，将中心城市与周边地区紧密联系起来，形成密集的物流、人流、经济流、信息流，城市群内部中心城市到周边城市保持较高的通勤率，另外也能够更有效地支持城市间的产业板块调整，让中心城市集中发展服务经济，而且中产阶级的不动产及大型的服务设施等可以实现郊区化。

世界级城市群依托发达的交通网络体系，为核心城市与周边城市甚至全球其他城市建立了密切的社会经济往来。例如，伦敦已形成了"环形＋放射状"的以地铁为核心的公路交通网络，每天地铁乘客量高达 300 万人。伦敦也是重要的国际航空交通站之一，拥有希斯罗、盖特威克、斯坦斯特德、鲁顿和伦敦城市 5 座机场，伦敦港也曾是世界上最大的港口。同样，东京也拥有发达的海运、空运和陆运网络。在海运方面，东京湾的货柜处理数量连续 14 年成为日本最大货柜处理港口。在空运方面，东京是重要的国际航空港，每天都要承担全世界大量的客运和货运。在陆运方面，东京拥有放射状的交通路网，交通运营主体多元化，新城建设和轨道建设融为一体。凭借着高密度的交通线网，东京城市群的城市之间社会经济交流频繁，人口、信息、资金等要素高效流动。

（四）具有明显的阶段性发育特征

美国东北部大西洋沿岸城市群、英国中南部城市群、日本太平洋沿岸城市群在其形成和演进过程中都经历了"中心城市壮大""核心城市外扩""城郊融合发展""城市群域协调发展"这几个阶段。

首先，区位条件优越的港口或铁路交通枢纽城市逐步建成以制造业为主的中心城市，大量的人口迁入，产业不断集中，城市化进程不断发展，由小到大、由弱到强，逐渐形成经济增长极，发展成为区域核心城市。

其次，核心城市因规模太大产生了一系列不经济现象，导致恶性发展，由此内生了一股"外溢"的力量，导致城市向郊区外扩。

再次，城郊一体化的基础设施网络，如轨道交通、能源供应、水资源供应、废弃物处理等开始大规模兴建，人流、物流量迅速增加，生产和运输成本降低，城市的扩散效应增强，基于地缘关系，相邻地区不再是核心城市的附属，而是大城市经济圈不可缺少的重要功能区，逐渐形成了松散的城市群发展模式。

最后，区域内各城市间交通发达，形成网络结构，经济、社会等联系日趋紧密，城市间经济发展相互重叠、渗透、融合，形成了规模更大的城市群，工业发展逐渐由劳动密集型转换为技术密集型，并引入环保、集约等发展理念，通过资源整合、产业整合、功能整合、管理整合，增强全球竞争力，提高可持续发展能力。

这几个阶段显示了城市群由小到大、由中心到外围的阶段性发展过程。

三、世界级城市群发展趋势

近年来，世界级城市群在全球和区域经济中的功能不断扩展，地位迅速提升，对国家及世界经济发展的作用越来越显著，可以说，世界级城市群之间的竞合格局直接决定了全球经济及政治发展走向。世界级城市群具有以下趋势：

（一）成为参与全球竞争的新地理单元

世界级城市群、巨型都市区域在打破行政界限的樊篱、整合区域经济与环境功能方面的重要性逐渐引起了全球各国政界和学术界的重视，正取代都市区成为21 世纪参与全球竞争的基本单元，同时也是政府投资和政策制定的新的空间单元。

《美国 2050 空间战略规划》确定了东北地区、五大湖地区、南加利福尼亚、南佛罗里达、北加利福尼亚、皮的蒙特地区、亚利桑那阳光走廊、卡斯卡底、落基山脉山前地带、沿海海湾地区和得克萨斯三角地带 11 个巨型都市区域。

我国 2006 年发布的《国民经济和社会发展第十一个五年规划纲要》首次提出"把城市群作为推进城镇化的主体形态"，2010 年出台的《全国主体功能区规划》和 2014 年出台的《国家新型城镇化规划》明确了"两横三纵"的城镇化格局，2016 年发布的《国民经济和社会发展第十三个五年规划纲要》进一步提出"19＋2"的城市群总体格局（其中明确提出，要建设京津冀、长三角、珠三角世界级城市群），2017 年党的十九大报告中也强调要以城市群为主体构建大中小城市和小城镇协调发展的城镇格局，2021 年发布的《国民经济和社会发展第十四个五年规划纲要》提出以促进城市群发展为抓手，全面形成"两横三纵"城镇化战略格局，进一步将 19 个城市群分优化提升、发展壮大、培育发展三类提出方向和举措①。城市群特别是正在建设的世界级城市群已成为推动新型城镇化战略、参与国际竞争与合作的重要载体，成为实现国土相对均衡开发格局的重要抓手和促进大中小城市协调发展的重要平台。

（二）主导全球社会经济，是一国乃至世界经济的"中枢"

城市群特别是世界级城市群在国家甚至全球社会经济发展中扮演着重要角色，对国家或区域的影响是任何其他地区所不能比拟的，它们以一种全新的空间结构发挥着巨大的"枢纽"功能，代表了未来世界的发展方向，已经成为21世纪人类文明的标志。

美国11个巨型城市区域只占不到26%的美国国土面积，却拥有全国74%的人口，是美国最重要的高端服务业和高科技产业的集聚地。其中，东北巨型都市区域最为成熟和典型（见表1-3），以其首屈一指的人口规模和经济发展水平，保持着美国信息经济的控制中心和经济发展的"主干道"地位，也是推动城市聚居区形态变化的重要"改革者"。东北巨型都市区域位于阿巴拉契亚山脉与大西洋之间，以95号州际高速公路（I-95）为脊梁，以各大航空港和海港为对外口岸，以波士顿、纽约、费城、巴尔的摩、华盛顿大都市区为核心，贯穿波士顿北部郊区至华盛顿南部通勤地带，在空间上跨越了12个州和1个特区的142个县，南北绵延450英里。2010年，该区域用仅占1.75%的美国国土面积集聚了美国17%的人口，创造了美国20%的GDP，以及世界经济总量的6%。

表1-3 2000年生产总值排名

单位：十亿美元（现价），%

排名	国家/区域	1990年	2000年	年均增长
1	美国	5803	9963	5.6
2	欧盟25国	5015	8167	5.0
3	日本	3040	4614	4.3
4	美国东北巨型都市区域	1170	1941	5.2

---

① 优化提升京津冀、长三角、珠三角、成渝、长江中游等城市群，发展壮大山东半岛、粤闽浙沿海、中原、关中平原、北部湾等城市群，培育发展哈长、辽中南、山西中部、黔中、滇中、呼包鄂榆、兰州—西宁、宁夏沿黄、天山北坡等城市群。建立健全城市群一体化协调发展机制和成本共担、利益共享机制，统筹推进基础设施协调布局、产业分工协作、公共服务共享、生态共建环境共治。优化城市群内部空间结构，构筑生态和安全屏障，形成多中心、多层级、多节点的网络型城市群。

排名	国家/区域	1990 年	2000 年	年均增长
5	德国	N/A	1873	N/A
6	英国	827	1410	5.5

资料来源：University of Pennsylvania School of Design. Reinventing Megalopolis：The Northeast Megaregion〔R〕. 2005.

欧洲也存在 8 个关系紧密、要素流动、商品和服务异质互补、功能分工协作的巨型城市区域，其中以英国中南部和欧洲西北部两个最具代表性。英国中南部城市区域以伦敦—利物浦为轴线，以英国 18.4% 的土地总面积，集聚了英国64.2% 的人口和 80% 的经济总量，是英国主要的经济活动和财富产出区域。欧洲西北部城市群是"欧洲中枢"的重要组成部分，总面积达 14.5 万平千米，总人口达 4600 万，是欧洲城市最密集、人口密度最高的区域。日本太平洋沿岸城市群形成了以东京都为核心，名古屋都市区、大阪都市区为次级核心的城市群结构，以占日本的 26.45% 的国土面积，集聚了日本 60% 以上的人口、75% 的工业产值和 67% 的国民收入，分布着日本 80% 以上的金融、教育、出版、信息和研究开发机构。

我国正在建设的三大世界级城市群也是我国人口集聚最多、创新能力最强、综合实力最强的三大区域之一。京津冀城市群以全国 2.3% 的国土面积，承载了全国 8% 的人口，贡献了全国 10% 的国内生产总值，集聚了全国 25% 的外商直接投资和 15% 的研发投入。长三角城市群以占全国 2.2% 的国土面积，承载了全国11% 的人口，创造了全国 20% 的国内生产总值。珠三角城市群以全国 0.57% 的国土面积，承载了全国 4.5% 的人口，创造了全国 9.2% 的经济总量。这三大区域是我国参与经济全球化的主体区域，是全国科技创新与技术研发基地，是全国经济发展的重要引擎。

（三）核心城市是世界城市

通过梳理各类机构发布的近年来世界各城市排名可以看出，世界级城市群的核心城市（及部分次级核心城市）往往都是常年处于榜单领先位置的具有较强全球竞争力的世界级城市。

2020 年 8 月，著名城市评级机构之一的 GaWC 发布了最新的《世界城市名册》，将城市划分为不同的等级，Alpha＋＋等级表示在世界城市网络中嵌入度最高的城市，Alpha＋等级表示其他嵌入度很高的城市，主要满足亚太地区的高等级服务需求；Alpha 等级和 Alpha－等级表示非常重要的世界城市，在主要的经济区和国家中作为重要的连接节点。从评估结果可以看出，世界级城市群的核心城市大多处于 Alpha＋＋等级或 Alpha＋等级，且每个世界级城市群均有 1～3 个城市处于 Alpha＋＋等级、Alpha＋等级、Alpha 等级或 Alpha－等级。

2020 年 12 月，日本东京城市战略研究所发布了最近一期全球城市实力指数（GPCI）报告，通过经济、研发、文化交流、宜居、环境和可达性 6 个维度的 70 个相关指标，测量目标城市对人口、资本和企业的吸引力，以此测算 48 个目标城市的全球综合实力并进行评估和排名，通过每年跟踪不断修正，以反映全球城市环境的变化。从评估结果可以看出，世界级城市群的核心城市大多排名在前 10，北美五大湖城市群的核心城市排名未进前 10，但在分项排名中位列前 10，且总排名也排在前 20 名内。

（四）核心城市带动周边地区发展

世界级城市群的内部各城市都有明确的产业分工。它们共同的功能特征表现为，首先由中心城市产生聚集效应，然后由聚集效应发挥扩散效应，使城市群最终形成，在扩散效应发挥中，城市群产生集散功能和发挥放大功能。区域内各城市通过密切的社会经济联系构成了一个有机整体，在与外界不断进行能量交换的过程中，不断进行自身结构的调整优化以适应外部环境的变化，并创造出更多的发展机会，使城市群在区域、国家甚至世界经济中具有举足轻重的地位。核心城市的人口规模和经济总量在整个区域内占据着重要地位，控制着资本、信息、人口等生产要素的流动，处于城市群内生产网络的核心环节。这些核心城市是全球重要的经济增长极，对整个城市群的社会经济发展起到了明显的辐射带动作用。在产业分布方面，世界级城市群的核心城市在城市群大多呈现出圈层化的逆序分布形态。具体表现为城市群内的核心城市主要布局第三产业，中间环状地带主要布局第二产业，外圈层则主要布局第一产业。世界级城市群的核心城市一般都实现了由工业中心向服务中心的功能转变，生产功能逐步弱化，而以知识服务为核心的服务功能则不断强化，并依循都市圈集聚——扩散的规律逐渐带动整个大都市圈的产业布局在空间上的调整和结构上的升级。

例如，美国东北部大西洋沿岸城市群中，纽约市金融、保险、房地产和租赁、信息、专业和商业服务产业对经济增长的贡献较大，纽约市凭借着强大的经济总量和服务能力，以现代化的交通网络、互联网等为载体向周边波士顿、巴尔的摩等城市及周边更小的城镇输出资本、信息、技术劳动力和游客等。再比如，东京是日本的政治、行政、金融、信息、经济、文化中心，是国际金融中心，也是日本大型企业总部的集聚地。位于东京周边的城市横滨、千叶、川崎为港口工业集聚地，工厂较多，是冬季产业转移的重要基地。东京与周边城市建立了"总部—制造基地"的区域合作链条，通过产业链带领周边城市产业的发展。

（五）注重科技创新和人才培养

综合科技实力决定了城市群参与全球经济的竞争力，决定了其在全球产业链中的地位，是影响着城市群可持续发展的重要因素之一。六大世界级城市群是世界创新资源的集聚中心和创新活动的控制中心，是人类知识和技术的生产和推广的重要基地，引领世界科技潮流。因此，各世界级城市群均非常重视科技创新和人才培养。例如，日本太平洋沿岸城市群从传统工业区快速转变为当今具有现代化特征的世界级城市群，与其高度重视科技创新密不可分。20世纪70年代，东京经历了高速的工业化后，产业结构重型化明显，产品附加值较低，凭借前期的资本积累，开始大规模地引进外国先进生产技术，并在此基础上创新，造就了当今一批科技实力突出的跨国企业。同时，东京也注重科技人才的培养及技术研发企业、研究所、大学与企业间的科研合作。东京集中了日本约30%的高等院校和40%的大学生，拥有全日本1/3的研究和文化机构以及全日本PCT专利产出的50%和世界PCT专利产出的10%。为了快速推动科研成果的产业化，政府鼓励将科研的主体放在企业，每年企业研发经费的投入占日本R&D经费的约80%。

世界级城市群的核心城市尤其重视科技创新和吸引人才。例如，纽约凭借新产业革命的契机，推行了多项重要的"众创"激励计划和举措，如"应用科学"计划、"众创空间"计划、"融资激励"计划、"设施更新"计划等。这些计划的实施很快便收到显著成效，不仅激发了纽约客的创新创业热情，还涌现出大批新创高科技企业；纽约的创新创业环境也有了很大改善，尤其是制约大都市创新创业的高成本问题，在政府的不懈努力下得到了很好的调控和缓解。仅用了十多年的时间，便新增了互联网应用技术、社交媒体、智能手机及移动应用软件等新兴科技领域的上千家初创企业，谷歌、脸书、推特、微软、雅虎等一批以硅谷为重心的高科技巨头也纷纷在纽约开设研发机构和业务中心，纽约从一个高科技领域的"二线"城市，快速崛起为能与硅谷一较高下的全球顶级科创中心，初步实现了资本之都到创新之城的蜕变。尽管资本驱动仍是当前纽约城市发展的重要引擎，但科技创新正显著成为推动纽约城市转型的新动力。

第三节　核心城市在世界级城市群中的作用

作为世界级城市群核心的世界城市（全球城市）是随着世界级经济中心城市的出现而出现的，并随着这些城市职能的发展而发展的，相关理论经过了近百年的不断发展，已经成为一套相当成熟的理论体系。

一、世界城市/全球城市相关理论

（一）早期 Hall 和 Hymer 对世界城市的研究

早在 1889 年，德国学者 Goethe 就曾使用"世界城市"一词来描述当时的罗马和巴黎。1915 年，英国城市与区域规划大师 Geddes 明确对世界城市进行了界定，认为世界城市是指那些"世界最重要的商务活动绝大部分都须在其中进行的城市"。Peter Hall 是真正最早从事现代世界城市研究的西方学者，他从政治、贸易、通信设施、金融、文化、技术和高等教育等多个方面对伦敦、巴黎、兰斯塔德、莱茵—鲁尔、莫斯科、纽约、东京 7 个世界城市进行了综合研究，认为它们居于世界城市体系的最顶端，是主要的政治权利中心、国家的贸易中心、主要银行所在地和国家金融中心、各类专业人才聚集的中心、信息汇集和传播的中心、大的人口中心，而且集中了相当比例的富裕阶层人口，娱乐业已成为重要的产业部门。

尽管判断世界城市的方法有很多，但进驻城市的跨国公司总部的数量总是作为判定全球城市等级的一个重要指标。Hymer 强调了跨国公司的重要作用，实现了世界城市研究的"经济转向"。他认为，在联系日益密切的全球经济中，公司决策机制至关重要，跨国公司总部往往倾向于集中在世界的主要城市，纽约、伦敦、巴黎、波恩、东京等，跨国公司总部的空间集聚地构成了全球网络的控制节点，可以采用拥有跨国公司总部数量的多少来对世界城市的重要性进行排序。

（二）科恩的"全球城市"理论

1981 年，美国经济学家科恩基于经济全球化迅猛发展的背景，首次提出了全球城市（Global City）的概念。他的主要观点可归纳为以下四个方面：

第一，随着国际劳动分工的深入和跨国公司业务的不断扩展，跨国公司经营触角已延伸到全球各个角落，这就给跨国公司自身的经营管理带来了全新的变化。跨国公司需要掌握尽可能多的有关潜在市场和世界各国在加强和控制投资、生产和销售方面的信息，还要进行公司业务的日常管理。在如此繁杂的经营管理事务中，跨国公司不可能事事躬亲，需要把一些日常经营管理委托给各地方的分支机构，跨国公司则主要负责监督和发挥协调控制作用。

第二，由于跨国公司的经营活动已超出本国范围，到达世界各国，各国国情各异，国际贸易环境也越来越复杂，这就迫切需要高层次、专业化的商业服务，如法律和会计事务所、管理咨询公司等。事实证明，这些专业化的服务公司已成为信息和情报的主要来源，为跨国公司在全世界运转自如起到了决定性的作用。

第三，不仅是跨国公司，政府及其部门对专业化服务公司的依赖性也越来越大，有些大的服务公司如法律事务所在处理全球性的政策和法律问题上发挥着越来越重要的作用。由于专业化服务公司的这种举足轻重的作用，其业务也逐渐集中到少数几家大事务所手里，为其所垄断。

第四，跨国公司与专业化服务公司之间互相支持、互相促进，因此他们的总部都不约而同地集中在少数几个世界城市。他们所在的城市也因此成为了新的国际劳动分工背景下的协调和控制中心，可称之为全球城市。在科恩的理论中，他特别强调的是商业、金融业等专业化服务对跨国公司的作用，并由此对其所在城市提升国际地位发挥了重要作用。

（三）Friedman 的世界城市假说

Friedman 从新国际劳动分工研究中得到启示并提出了著名的"世界城市假说（World City Hypothesis）"，他认为世界城市形成的基本动力来自于新的国际劳动分工，在与世界经济的融合过程中，所有城市均会重组其经济结构和空间布局；我们对世界城市的研究主要是关注其对全球生产和市场的政治经济控制，而不是用大城市的人口规模来确定城市的等级。Friedman "世界城市假说"的基本观点包括：①一个城市与世界经济的融合形式和程度以及它在新国际劳动分工中所担当的职能将决定该城市的结构和转型。②世界范围内的主要城市均是全球资本用来组织和协调其生产和市场的基点，由此导致的各种联系使世界城市成为一个复杂的空间等级体系。③世界城市的全球控制功能直接反映在其生产和就业结构及活力上。④世界城市是国际资本汇集的主要地点。⑤世界城市是大量国内和国际移民的目的地。⑥世界城市集中体现资本主义的主要矛盾，即空间与阶级的两极分化。⑦世界城市的增长所产生的社会成本可能超越政府财政负担能力。Friedman 指出，现代意义上的世界城市是全球经济系统的中枢或组织节点，它集中了控制和指挥世界经济的各种战略性功能。Friedman 认为，尽管历史背景、国家政策和文化因素在世界城市的形成过程中有着重要的作用，但经济变量是解释不同等级世界城市对全球控制能力的决定因素，并认为世界城市的形成过程是"全球控制能力"的生产过程，而且这种控制能力的产生充分表现为少数关键部门的快速增长，包括企业总部、国际金融、全球交通和通信、高级商务服务。

（四）Sassen 的全球城市

与 Friedmann 从宏观角度来研究世界城市的发展比较，Sassen 着重从微观角度即企业区位选择的角度来研究她所称为的全球城市（Global City）。她认为每个城市的经济和社会发展轨迹主要依赖于其参与全球化的程度，更多的城市正在成为协调和管理全球化过程的一部分，各城市按照它们参与经济全球化的程度以及控制、协调和管理这个过程的程度在全球城市等级体系中确立自己的位置。Sassen 认为，全球城市在世界经济中发展起来的关键动力在于其集中优良的基础设施和服务，从而使它们具有了全球控制能力；全球城市就是那些能为跨国公司全球经济运作和管理提供良好服务和通信设施的地点，是跨国公司总部的聚集地。全球城市具有以下四个基本特征：①高度集中化的世界经济控制中心。②金融和特殊服务业的主要所在地。③包括创新生产在内的主导产业的生产场所。④作为产品和创新的市场。

（五）Castell 等强调信息革命对世界城市形成与发展的影响

20 世纪 80 年代以后，信息技术的发展越来越深刻地影响到由世界城市组织起来的全球城市体系，城市通过信息网络被吸纳进世界城市体系中，它的运作越来越依赖于全球的背景。从信息网络来研究世界城市和世界城市网络成为自 20 世纪 90 年代以来世界城市研究的一个主流方向，与之前静态的世界城市概念不同，Castell、Batten 等赋予世界城市动态和联系的内涵，认为城市如何获得信息空间的进入权和对信息空间主要节点的控制权，是在国际资本积累博弈中取得最终胜利并成为世界城市的关键所在。世界城市是那些在全球网络中将高等级服务业的生产和消费中心与它们的辅助性社会连接起来的地方。世界城市产生于公司网络活动的关系以及以知识综合体和经济反射为基础的城市之间的联系之中。城市不是依靠它所拥有的东西而是通过流经它的东西来获得控制和权力并积累财富。

（六）Taylor 等的世界城市网络研究与 Scott 等的全球城市地区研究

鉴于对世界城市的研究多集中于对单个城市的评价或几个城市的对比分析，而世界城市的网络研究甚少的现实，Taylor、Walker、Catalano 等展开了对世界城市网络的研究，弥补了这一空白。他们把世界城市看作是彼此连接的网络体系中的"全球服务中心"，采用公司实证研究方法，通过大量的案例分析，从容纳力、支配指挥力和通道三大方面测定了世界城市网络作用力的大小，指出了世界城市网络形成的关键因素。

由于认识到世界城市/全球城市仅指明少数、单个城市的属性特征，而忽视了城市体系内个体间的相互联系，又有学者提出了全球城市区域（Global City Region）的概念。全球城市区域不同于单个的世界城市/全球城市，是散布于全球的诸多城市的巨大、复杂、混合的城市区域范围，它是在高度全球化下以经济联系为基础，由全球城市及其腹地内经济实力较雄厚的二级大中城市扩展联合而形成的独特空间现象。"世界城市/全球城市→全球城市区域"关注视角的变化反映了全球化、区域化背景下社会经济发展的新空间形态和组织形态，"全球城市区域"成为 21 世纪参与全球竞争的基本单元。

彼得·霍尔着眼于全球城市区域的内部功能联系及其空间表现形式，认为"全球城市区域"的概念主要强调的是区域内部密切的相互的联系，全球城市区域表现出"多中心圈层式"的空间结构形态，其核心是作为世界城市体系主要节点的中央商务区，渐次向外是新的商业中心区、内部边缘城市、外部边缘城市、边缘城镇复合体以及最外围遵循劳动地域分工的专业化次等级中心，分别承担不同的功能分工。2006 年，彼得·霍尔等在《多中心大都市：欧洲超大城市区域的经验》一书中对欧洲城市群区域进行了分析。多中心巨型城市区域（MCR）是由形态上分离但功能上相互联系的 10 ~ 50 个城镇所组成的城镇群，它们集聚在一个或多个较大的中心城市周围，通过新的劳动分工显示出巨大的经济力量（见表 1 - 4）。从形成机制来看，MCR 的出现是世界经济全球化和高端服务业经济发展的结果。首先，该书描述了多中心巨型城市区域的形态和结构，它作为一种全新的现象，正在当今世界高度城市化的区域出现。在巨型城市区域中，10~50个形态上分离、功能上相互联系的城镇集聚在一个或多个较大的中心城市周围，它们在不同程度上是多中心的。其次，巨型城市区域产生和发展的动力是高端生产服务业的聚集，具体体现在高技能国际性劳动力、全球公司、多样部门、金融服务业的集聚和金融、创意氛围的营造上。最后，首位城市在区域中扮演着区域网络枢纽的角色，产业和生产要素在首位城市的集聚依然旺盛。全球化在不断刺激着行业的合并、重构和专业化，知识通过国际性网络产生和扩散，首位城市之间形成互补性而不是竞争性的功能关系。

表1-4　欧洲8个巨型城市区域基本数据

多中心巨型城市区域（MCR）	面积（平方千米）	2000/2001人口（万人）	1990/1991-2000/2001人口变化（%）	2000/2001就业（万人）	1990/1991-2000/2001就业变化（%）	城镇数量
英格兰东南部	29184	1898.4	+13.5	904.0	+32.9	51
兰斯塔德	8757	857.6	+7.1	403.2	+29.0	25
比利时中部	16000	780.0	+2.6	332.0	+10.0	8
莱茵—鲁尔	11536	1170.0	+1.1	540.0	+3.4	47
莱茵—美因	8211	420.0	+5.7	169.5	+1.7	6
瑞士北部 EMR	13700	350.0	+7.6	220.0	+6.7	8
巴黎区域	43019	1569.2	+2.9	766.1	+3.2	30
大都柏林	7814	163.7	+9.3	79.9	+62.9	1

资料来源：彼得·霍尔，凯西·佩恩．多中心大都市——来自欧洲巨型城市区域的经验［M］．罗振东等，译．北京：中国建筑工业出版社，2010.

（七）GaWC与世界城市网络

英国拉夫堡大学地理系学者所组成的世界研究小组（GaWC）对全球城市网络的定量划分做出了最具系统的努力探索。这一研究小组认为，传统的"世界城市/全球城市"研究偏重于其所具有的特质，充其量只是一种静态的探讨方法。如果要想深入掌握"世界城市/全球城市"的本质，应该更着重于其间的"关系"层面的分析。自2000年开始，作为全球最著名的城市评级机构之一，GaWC不定期发布《世界城市名册》，通过不同城市间金融、专业化服务联系来确定一座城市在世界城市网络中的位置。

二、核心城市在世界级城市群中的作用

核心城市作为世界级城市群的枢纽，对整个城市群的发展起着重要的引领作用，在很大程度上决定着整个城市群的全球竞争力。目前国际上公认的世界城市如纽约、伦敦和东京，均为所在世界级城市群的核心城市。

（一）核心城市之于整个城市群区域是综合的"枢纽"

随着全球化的深入推进，资本控制和供应链日益高度集聚在少数全球城市区域的核心城市中，它们承载着高等级的产业，发挥全球层面的管理控制功能，作为整个城市区域代言人参与全球层面的对话，成为全球人流、物流、资金流、信息流、创意流汇集的节点，在世界经济中占据举足轻重的地位；如纽约用仅占的0.34%美国国土面积，集聚了7.15%的人口，创造了美国8.77%的GDP；东京是城市群的中枢管理城市，承担政治、经济、金融、贸易等功能；纽约、东京等作为世界最高等级的全球城市，其强大的经济实力、先进的生产者服务业发展水平和活跃的国际国内经济联系，是其所在的城市区域成为世界最繁荣、最具活力的经济区域不可或缺的基础条件。

（二）核心城市之于整个城市群区域由中心功能向主要节点功能转变

依托信息通信技术和快速交通网络的发展，作为世界级城市群核心的全球城市的城市空间形态突破城市边界，得以在更大空间范围内进行生产活动的组织和管理，区域内不同城镇均能在全球生产体系价值链的不同位置获利，这些城市通过彼此密集的实体和信息流动形成的紧密联系在全球城市网络中共同承担节点功能的作用。在此背景下，各城市间的关系逐渐由辐射与被辐射转变为相互合作和依存，从垂直体系转化为网络体系，从注重其在内向而稳定系统中的固定位置转向注重在其中流进与流出的途径。核心城市从吸纳外围能量的"黑洞"转向经由能量传递的"虫洞"，从依靠它所拥有的能量（规模）来增强集聚与辐射功能，转向通过流经它的能量（规模）来获得交流、门户与枢纽、控制与服务等功能；因此，城市间主从关系倾向转向城市间弹性与互补关系倾向，核心城市的辐射已不是简单产业转移而是产业集群，即通过市场机制由上游产业借助资本、技术与下游产业连起来，形成完整的区域内的产业链、创新链和价值链，从而发挥总部经济和金融中心的辐射作用。

执笔人：刘作丽　张悦

参考文献

［1］Batten D. Network Cities Versus Central Place Cities：Building a Cosmocreative Constellation ［M］. Heidelberg：Springer，1993.

［2］Friedman J.，Wolff G. World City Formation：An Agenda for Research and Action ［J］. International Journal of Urban and Regional Research，1982，6（3）：309 – 344.

［3］Friedman J. The World City Hypothesis ［J］. Development and Change，1986（17）：69 – 83.

［4］GaWC. The World According to GaWC 2000/2004/2008/2010/2012/2016/2018/2020 ［EB /OL］. https：//www. lboro. ac. uk/gawc/index. html.

［5］Global Power City Index 2020 Summary ［EB /OL］. http：//mori – m – foundation. or. jp.

［6］Gottmann J. Megalopolis or the Urbanization of the Northeastern Seaboard ［J］. Economic Geography，1957，33（3）：189 – 220.

［7］Hall P. Global City – Regions in the Twenty – first Century ［M］. New York：Oxford University Press，2001.

［8］Hall P. The World Cities ［M］. London：Heinemann，1966.

［9］Hymer S. The Multinational Corporation and the Law of Uneven Development ［M］. Collier：MacMillan，1972.

［10］Jefferson M. The Law of the Primate City ［J］. Geographical Review，1939（29）：226 – 232.

［11］Kearney. Global Cities：News Priorities for a New World 2020 Global Cities Report ［EB /OL］. https：//www. kearney. com/global – cities/2020.

［12］Northeast Megaregion 2050：A Common Future 2007 ［EB/OL］. http：//www. america 2050. org/The Mori Memorial Foundation.

［13］Sassen S. Cities in a World Economy ［M］. CA：Pine Forge，1994.

［14］Taylor P. J.，Catalano G.，Walker D. R. F. Measurement of the World City Network ［R］. 2001.

［15］Taylor P. J.，Walker D. R. F.，Catalano G. Diversity and Power in the World City Network ［J］. Cities，2002，19（4）：231 – 241.

［16］Taylor P. J. Hierarchical Tendencies Amongst World Cities：A Global Research Proposal ［J］. Cities, 1997（14）：323 – 332.

［17］Taylor P. J. Specification of the World City Network ［J］. Geographical Analysis, 2001, 33（2）：181 – 194.

［18］The Mori Memorial Foundation. Global Power City Index 2020 Summary ［EB/OL］. http：//mori – m – foundation. or. jp.

［19］《京津冀协同发展的展望与思考》编委会. 京津冀协同发展的展望与思考 ［M］. 北京：首都经济贸易大学出版社, 2014.

［20］安树伟, 闫程莉. 京津冀与世界级城市群的差距及发展策略 ［J］. 河北学刊, 2016, 36（6）：143 – 149.

［21］彼得·霍尔, 凯西·佩恩. 多中心大都市——来自欧洲巨型城市区域的经验 ［M］. 罗振东等, 译. 北京：中国建筑工业出版社, 2010.

［22］何立峰. 国家新型城镇化报告 ［M］. 北京：中国计划出版社, 2017.

［23］连玉明. 面向未来的京津冀世界级城市群 ［M］. 北京：当代中国出版社, 2016.

［24］刘荣增. 跨国公司与世界城市等级判定 ［J］. 城市问题, 2002（2）：5 – 8.

［25］王丽, 邓羽, 牛文元. 城市群的界定与识别研究 ［J］. 地理学报, 2013, 168（3）：1059 – 1070.

［26］王士君, 吴嫦娥. 城市组群及相关概念的界定与辨析 ［J］. 城市规划与设计, 2008（3）：7 – 13.

［27］肖金成, 申现杰, 马燕坤. 京津冀城市群与世界级城市群比较 ［J］. 中国经济报告, 2017（11）：94 – 98.

［28］姚士谋. 中国的城市群 ［M］. 合肥：中国科学技术大学出版社, 1992.

［29］姚士谋等. 中国城市群新论 ［M］. 北京：科学出版社, 2016.

［30］易千枫, 张京祥. 全球城市区域及其发展策略 ［J］. 国际城市规划, 2007, 22（5）：65 – 68.

［31］于洪俊, 宁越敏. 城市地理概论 ［M］. 合肥：安徽科学技术出版社, 1983.

［32］于涛方. 京津冀全球城市区域边界研究 ［J］. 地理与地理信息科学,

2005, 21 (4): 45 – 50.

　　[33] 周一星. 关于明确我国城镇概念和城镇人口统计口径的建议 [J]. 城市规划, 1986 (3): 10 – 15.

　　[34] 周振华. 崛起中的全球城市: 理论框架及中国模式研究 [M]. 上海: 格致出版社, 上海人民出版社, 2017.

第二章　北京在京津冀世界级
城市群中的作用

　　以世界级城市群为代表的巨型城市区域，在打破行政藩篱、整合区域经济、社会、文化、生态等功能方面的重要作用已引起了世界各国的充分关注，正取代都市区成为 21 世纪参与全球竞争的基本单元，同时也是区域治理的新的空间单元。《京津冀协同发展规划纲要》和《北京城市总体规划（2016 年—2035 年）》都明确提出京津冀地区要建成以首都为核心的世界级城市群。然而，京津冀城市群距离"世界级"仍有非常大的差距。国内外城市群发展的理论和实践都表明，中心城市作为"核心"对整个城市群的发展起着重要的引领作用，在很大程度上决定着城市群的发展方向和整体竞争力。因此，北京"核心"作用如何发挥，将直接影响京津冀城市群向世界级城市群迈进的高度和速度；而进一步明晰"核心"作用的内涵，是更好地、有的放矢地发挥"核心"作用的前提和基础。本章充分借鉴世界级城市群及其核心城市作用的相关理论和实践，结合北京发展的新形势、新要求，从对外枢纽、对内枢纽和引领示范三个方面分析了北京在建设京津冀世界级城市群中的作用，对"核心"进行了进一步的阐释和发展。

第一节　对外枢纽：北京是京津冀城市群连接
世界的平台和纽带，是城市群参与
全球竞争的重要窗口

　　世界级城市群是以一个或多个全球城市为核心，在国际经济、社会发展中具有世界影响力的大型城市群落。因此，作为京津冀城市群的核心城市，北京必须首先发挥好全球城市的功能，做好整个京津冀乃至更大区域的平台和纽带，带领京津冀区域融入全球城市体系，与津冀携手共建世界级城市群。

一、要建成具有国际影响的国家首都，可以代表城市群、全国为完善全球治理体系提供中国方案

尽管众多学者解释经济变量是全球城市控制能力的决定因素，但以洛杉矶学派为代表的学者认为，全球城市不仅是经济全球化的结果，更应该是政治、经济、文化、社会、生态等多种因素综合作用的结果，华盛顿、北京、首尔等城市的国际化与其作为首都有着密不可分的关系。北京作为屹立于世界东方的中国首都，作为我国最高权力机构的所在地，需要在落实"四个中心"首都城市战略定位、建设枢纽型国际消费中心城市、建设全球数字经济标杆城市过程中深度参与完善全球治理体系。

二、要成为全球城市网络的关键节点，可以带领城市群融入全球经济体系

全球城市寓于全球城市网络之中，其本质属性是基于流动的连接，其关键功能在于把不同空间尺度的经济活动连接到全球经济中去，实现全球资源的自由流动和合理配置，同时，通过这种广而密的联通来体现其在全球经济体系中的重要地位。对于这种网络联通，不同学者有不同的解释，弗里德曼认为这种联通主要来源于集聚其中的跨国公司总部，通过"命令与控制"连接并组织区域经济、国家经济融入全球经济；萨森则认为这种联通主要来源于集聚其中高度专业化的生产者服务业，通过提供会计、广告、法律、管理咨询和金融等服务需求来实现与全球经济的连接，这两种解释相互联系也相互补充。北京作为首都，要带领我国实现"两个一百年"奋斗目标、实现中华民族伟大复兴的中国梦，要带领京津冀地区建设世界级城市群，需要通过不断强化其在全球城市网络中的联通性而增强其对全球经济的掌控能力；因此，可以提高这种连通性的跨国公司和各类专业化的生产者服务业对于提高北京在全球网络中的连通性仍然是非常重要的。换句话说，北京落实首都城市战略定位，强调功能疏解并不是说不发展了，是要立足自身功能定位谋求更好的发展，继续集聚有利于竞争力提升的资源和要素，不断增强对发展的掌控能力，带领京津冀乃至更大区域融入全球经济体系。

三、要成为高等级设施的枢纽节点，可以为城市群融入全球体系提供优质的服务环境

全球城市本质上是"流动的空间"，它不是依靠所拥有的能量而是通过流经的能量来获得和积累财富、控制和权利。各类高等级的设施和优质的服务环境是客货物、金融、技术、信息、创意、人才等各种"流"实现高效连通的前提和基础，是全球城市获得和积累财富、控制和权利的必备条件。北京作为京津冀城市群连接世界的纽带和平台，"四个中心"和"四个服务"两者不可分割、不可偏废，进一步强化机场、网络、通信等设施的保障能力，优化营商环境，提升首都城市软实力，是集聚首都核心功能适用人才和要素、实现高质量发展的必要条件，也是实现和发挥全球城市功能和提高全球掌控能力的重要支撑。

第二节　对内枢纽：北京是京津冀城市群的组织、协调中心，是推进京津冀区域协同的关键力量

世界级城市群是由核心城市利用发达的交通网络、信息网络，协同周边若干分工明确、联系紧密的大中小城市而形成的大型城市群落。因此，作为京津冀城市群的核心城市，北京在发挥好全球城市功能、做好城市群重要窗口的同时，还需要注重群内城市之间的联系，带领"一群城市"发展成为具有全球影响力的"城市群"。

一、成为京津冀城市群功能组织和协调中心

伴随世界城市体系的演化，城市群特别是世界级城市群内各城市之间"中心—外围"的主从关系已经开始向不同等级"节点"的弹性互补关系转变；核心城市从吸纳外围能量的"黑洞"向呼出城市生命力的"虫洞"转变，城市群成为一个共同繁荣永续的共同体。作为京津冀城市群的核心城市，北京对于整个区域不仅要发挥中心辐射功能，还需要更多地发挥节点组织协调功能，强化与周边城市的联系，将区域内不同城镇更好地组织起来，通过区域内产业链、价值链

和创新链布局，推动不同城市在全球生产体系价值链的不同位置获利，共同在全球城市网络中承担节点功能。这种组织协调已不是简单的产业转移，而是要通过市场机制借助资本、技术等将上下游产业连接起来，推进区域功能一体和协同发展。

二、成为京津冀城市群空间整合的关键力量

城市群空间结构和规模结构是城市群区域经济整体功能协调的"晴雨表"，既可以通过结构的变化来了解城市群运行状况，也可以通过结构的调整来优化城市群的功能，以便达到城市群整体发展的良好态势。国内外成熟城市群发展的实践告诉我们，城市群需要具有完善的城市规模体系、合理的城市空间结构，由少数超大、特大或大城市作为核心城市与多数中小城市、小城镇相互串联而成，各规模等级城市间保持"金字塔"结构比例关系，各规模等级之间不断层、不缺层，空间上布局合理；只有这样高等级城市的功能作用才可以通过城市网络有序连接到整个城市体系，从而产生较高的城市群整体功能效应。北京作为京津冀城市群的核心城市，将成为优化京津冀地区空间结构和规模结构的关键力量。一方面，北京在优化提升首都功能和疏解非首都功能过程中，要进一步强化与天津联动，加快实现同城化发展，同时还要借助"两翼"新部署的重大契机，通过高水平规划建设城市副中心、全方位对接支持河北雄安新区的规划建设，积极打造"北京—天津—雄安"京津冀城市群的金三角，支撑起城市群的主体框架；另一方面，作为核心城市，北京要通过区域内产业链、价值链和创新链最大程度地强化与其他城市的功能联系，提升各自的发展机会和能力，推动形成结构完善、空间合理、高度融合的城市群空间体系，整合空间结构，提高空间效能。

三、成为带动京津冀城市群整体发展的重要引擎

恩格斯在《英国工人阶级状况》一书中对于伦敦有过这样的描述，"这种大规模的集中，250 万人这样集聚在一个地方，使这 250 万人的力量增加了 100 倍"，虽然这里讲的是要素在单个城市内的集聚，但将其扩大到城市群体，这种集聚效应一样适用。城市群体优势远大于单个城市优势的简单加总，而充分放大这种群体优势的关键在于通过核心城市的有效组织协调形成群内不同城市之间多种"流"的密切交互，发挥 $1 + 1 > 2$ 的作用，形成发展的强大聚合力，也即城市群的整体效益。北京一方面要紧紧抓住疏解这个"牛鼻子"，有序疏解非首都功

能，为自身留出更多发展空间；另一方面要强化科技驱动、服务带动城市群转型发展的意识，在城市群内为首都功能找互补、找配套、找合作，为城市群转型发展提供资本、技术、服务等方面的支撑，把会计、广告、法律、管理咨询、金融、高科技等首都优势领域产业链做长做精，提升首都核心功能的同时优化区域产业结构、促进区域经济增长。

第三节　引领示范：北京是京津冀城市群
高质量协同发展的"样板城市"

全球经济的发展正经历从资本控制转向创新驱动（这里的创新，不单指科技创新，还包括制度创新）的重大转型，作为世界级城市群核心的全球城市首当其冲。作为城市群的核心城市，北京需要顺应这一趋势并对城市群发挥引领示范的作用，努力为城市群高质量发展探索新理念、新举措，为区域协同治理探索新模式、新机制，为人口经济密集地区优化开发探索新路径，力争成为京津冀城市群高质量和协同发展的"样板城市"。

一、为区域城市高质量发展探索新理念、新举措

北京正在深刻转型，减量发展、绿色发展、创新发展，成为首都追求高质量发展的鲜明特征。首先，从集聚资源求增长，到疏解功能谋发展，北京成为全国第一个"减量"发展的城市，要努力探索与"减量"发展相适应的发展模式，倡导"精明增长"，鼓励紧凑、混合开发和弹性多元共治。津冀两地的很多城市虽然仍处于"增量"发展阶段，但"减量"发展所蕴含的集约高效理念却同样需要引起足够的重视，要充分借鉴北京发展的相关经验，吸取相关教训，共同为实现京津冀地区优化开发探索新路径。其次，北京聚集着大量的创新资源，拥有良好的营商环境，需要积极探索破解高质量发展面临的人才、技术等要素制约的先行先试政策，探索依靠创新、人才驱动的高效型增长模式，探索构建与国际接轨的城市治理体系，这不仅有助于实现京津冀城市群的转型发展和竞争力的提升，同样有助于缓解我国日益拉大的南北差距，有助于我国经济在复杂多变的世界经济格局中实现成功突围。最后，绿色、可持续发展一直是世界级城市群及其

核心城市的重要目标之一，纽约提出将"成为世界上最大的可持续发展城市以及应对气候变化的全球领导者"，伦敦要"成为改善环境的世界领导者"等。北京的发展也是如此，要在治理污染、改善环境、提升品质、塑造特色等方面下更大力气，成为世界超大城市可持续发展的典范，这是建设中国特色、国际一流、可持续的和谐宜居之都的重要基础，也是集聚创新型人才和高端要素，实现高质量发展的必要条件。同时，也可以为城市群内其他城市的可持续发展做好示范。

二、为区域协同治理探索新模式、新机制

京津冀协同发展尤其是"两翼"的提出，给北京市优化空间布局、提高空间组织效率带来了千载难逢的机遇，无疑将直接推动京津冀的空间发展格局发生历史性的巨变，这将有助于北京更为坚决地疏解非首都功能，为北京充分发挥对外枢纽作用建设具有全球影响力的大国首都创造条件；也将有助于北京更好地发挥对内组织协调作用，为更高效地组织城市群功能和空间结构、支撑世界级城市群建设带来机遇。北京需要抓住这一历史机遇，发挥好对外枢纽、对内组织协调的作用，探索处理好中心城与新城、北京与"两翼"、北京与邻近周边、北京与京津冀城市群等多类空间关系，构建新型合作和利益分享机制，创新治理模式和管理体制，因地制宜地选择多样化的跨界治理方式，带动群内各类城市充分发展，实现区域协同，将"一群城市"发展成具有全球影响力的城市群。

执笔人：刘作丽

参考文献

［1］Castells M. The Informational City：Information Technology，Economic Restructuring and the Urban – regional Process ［M］. Cambridge：Basil Blackwell，1989.

［2］Castells M. The Rise of Network Society ［M］. Oxford：Blackwell，1996.

［3］Friedman J. ，Gerlowski D. A. ，Silberman J. What Attracts Foreign Multinational Corporations? Evidence from Branch Plant Location in the United States ［J］. Journal of Regional Science，2010，32（4）：403 –418.

［4］Hill R. C. ，Kim J. W. Global Cities and Developmental States：New York，Tokyo and Seoul ［J］. Urban Studies，2000，37（12）：2167 –2195.

［5］Morrill R. Classic Map Revisited：The Growth of Megalopolis［J］. The Professional Geographer，2006，58（2）：155 – 160.

［6］Northeast Megaregion 2050：A Common Future 2007［EB/OL］. http：// www. america2050. org/The Mori Memorial Foundation.

［7］Sassen S. The Global City：New York，London，Tokyo［M］. New Jersey：Princeton University Press，1991.

［8］Scott A. J.，Agnew J.，Soja E. and Stoper M. Global City – Regions［M］. New York：Oxford University Press，2001.

［9］University of Pennsylvania，Department of City and Regional Planning. Reinventing Megalopolis［R］. 2005.

［10］彼得·霍尔，凯西·佩恩. 多中心大都市——来自欧洲巨型城市区域的经验［M］. 罗振东等，译. 北京：中国建筑工业出版社，2010.

［11］何立峰. 国家新型城镇化报告［M］. 北京：中国计划出版社，2017.

［12］盛垒等. 从资本驱动到创新驱动——纽约全球科创中心的崛起及对上海的启示［J］. 城市发展研究，2015（10）：92 – 101.

［13］王伟，吴志强. 中国城市群空间结构与集合能效研究［M］. 上海：同济大学出版社，2017.

［14］肖金成，申现杰，马燕坤. 京津冀城市群与世界级城市群比较［J］. 中国经济报告，2017（11）：94 – 98.

［15］谢守红，宁越敏. 世界城市研究综述［J］. 地理科学研究进展，2004，23（5）：56 – 66.

［16］姚士谋等. 中国城市群新论［M］. 北京：科学出版社，2016.

［17］周其仁. 改革的逻辑力［M］. 北京：中信出版社，2017.

［18］周其仁. 突围集——寻找改革新动力［M］. 北京：中信出版社，2017.

［19］周振华. 崛起中的全球城市：理论框架及中国模式研究［M］. 上海：格致出版社，上海人民出版社，2017.

［20］周振华. 全球城市：演化原理与上海2050［M］. 上海：格致出版社，上海人民出版社，2017.

［21］朱竞若. 奋力开创首都发展更加美好的明天——访北京市委书记蔡奇［N］. 人民日报，2018 – 05 – 14（002）.

第三章 建设京津冀世界级城市群面临的主要难题

从国内来看，以上海为核心的长三角城市群已经成为世界公认的发达城市群，粤港澳大湾区①是继美国纽约都会区、美国旧金山湾区和日本东京都市圈之后的世界第四大湾区，2019 年生产总值 11.62 万亿元，在世界经济体排行中名列第 12 位。通过与长三角和粤港澳大湾区两大城市群对比可以发现，京津冀城市群与建设"世界级城市群"的目标仍然存在差距，主要表现在京津冀城市群综合竞争力不突出、京津冀区域一体化程度不突出和核心城市的带动作用不突出三个方面。

第一节 京津冀城市群竞争力不突出

一、京津冀城市群综合实力有待提升

各类机构发布的排名和报告是衡量城市发展的重要参考，其中综合类排名主要反映城市群总体实力，分领域排名则可以从不同的侧面体现城市群的竞争力。

（一）京津冀综合实力弱于长三角和粤港澳

京津冀的城市总体实力落后于长三角和粤港澳大湾区两大城市群。在戴德梁

---

① 除特别注明之外，本章中的粤港澳大湾区城市群包含香港特别行政区、澳门特别行政区和广东省广州市、深圳市、珠海市、佛山市、惠州市、东莞市、中山市、江门市、肇庆市（即珠三角九市）。

行发布的《中国都市圈发展报告（2019）》（以下简称《报告》）中，将全国 26
个都市圈划分为成熟型、赶超型、成长型和培育型都市圈四个等级，京津冀属于
其中的"赶超型都市圈"，总体得分较高。但从分项排名上来说，在经济活跃
度、商业繁荣度、交通便捷度和区域联系度上均不及长三角、粤港澳两大成熟型
都市圈，尤其是在交通便捷度排名上甚至落后于成渝都市圈和西安都市圈（见表
3－1）。《报告》还指出，京津冀城市群存在城市规模结构不合理、产业梯度落
差较大、京津冀交通基础设施相对落后等问题。

表 3－1　都市圈分项排名

排名	经济活跃度	商业繁荣度	交通便捷度	区域联系度
1	长三角都市圈	长三角都市圈	长三角都市圈	长三角都市圈
2	粤港澳都市圈	粤港澳都市圈	粤港澳都市圈	粤港澳都市圈
3	京津冀都市圈	京津冀都市圈	成渝都市圈	京津冀都市圈
4	成渝都市圈	成渝都市圈	西安都市圈	西安都市圈
5	青岛都市圈	西安都市圈	京津冀都市圈	成渝都市圈

资料来源：《中国都市圈发展报告（2019）》。

　　恒大研究院发布的《中国城市群发展潜力排名（2019）》将世界城市群发展
划分为雏形发育期、快速发育期、趋于成熟期、成熟发展期四个阶段。京津冀城
市群的发展潜力指数为 89.6，处于快速发育期，落后于长三角和珠三角①城市
群两个指数高于 90 的城市群所处的趋于成熟期（见表 3－2）。同时，京津冀城
市群的发展指数也没有与排在第 4 位的成渝城市群拉开差距，存在城镇规模等级不
合理、发展明显不平衡的问题。

表 3－2　2019 年中国城市群分类

分类	排名	城市群	发展潜力指数
成熟发展期	—	—	—
趋于成熟期	1	长三角城市群	92.5
	2	珠三角城市群	91.3

---

　　① 恒大研究院发布的报告统计口径未包含香港、澳门两地，故此处采用"珠三角"的概念，即广东
省广州市、深圳市、珠海市、佛山市、惠州市、东莞市、中山市、江门市、肇庆市九市。下同。

续表

分类	排名	城市群	发展潜力指数
快速发育期	3	京津冀城市群	89.6
	4	成渝城市群	87.7
	5	长江中游城市群	83.8
	6	海峡西岸城市群	79.9
	7	山东半岛城市群	78.6
	8	中原城市群	74.2
	9	辽中南城市群	71.3
	10	关中平原城市群	67.9
	11	北部湾城市群	66.8
	12	哈长城市群	64.3
	13	山西中部城市群	62.3
雏形发育期	14	黔中城市群	59.8
	15	呼包鄂榆城市群	59.4
	16	滇中城市群	57.1
	17	天山北坡城市群	54.2
	18	兰州—西宁城市群	52.8
	19	宁夏沿黄城市群	50.6

资料来源：《中国城市群发展潜力排名（2019）》。

综合戴德梁行和恒大研究院两家机构发布的综合类排名来看，虽然京津冀城市群是国内仅次于长三角和粤港澳大湾区的第三大城市群，但在综合实力上已经被这两大城市群拉开差距，且存在被第四位的成渝城市群赶上的可能性。

（二）人才、投资等领域差距更明显

要素流动可以反映一个区域政策水平、经济社会发展水平和城市宜居水平，因此，某些重点领域如人才吸引力、投资潜力排名也是体现城市综合竞争力和发展潜力的重要指标。

在人才吸引力方面，根据恒大研究院发布的《中国城市人才吸引力报告（2020）》，京津冀地区进入"最具人才吸引力城市100强"榜单的城市共有12个，明显少于长三角（24个）和珠三角（除港澳不统计外全员进入榜单）城市群。2019年，长三角、珠三角、京津冀人才净流入占比分别为5.0%、2.8%、−4.0%，长三角、珠三角城市群呈现人才流入趋势，京津冀城市群受到北京疏解非首都功能的影响呈现人才净流出趋势。从城市群核心城市的角度来看，北京在吸引力指数上与上海和深圳还有显著差距。

在投资潜力方面，根据胡润研究院发布的《胡润中国最具投资潜力区域百强榜（2020）》，京津冀城市群有 6 个区域上榜，仅位列城市群中的第 6（见图3-1），与另外两个城市群（长三角 42 个，粤港澳 12 个）差距明显。从核心城市上榜区域数量来看，北京的上榜区域有 4 个，少于上海的 6 个和深圳的 5 个。从榜上前 10 位区域来看，北京朝阳区为京津冀城市群内总分最高区域（96.9），但依然低于上海浦东新区（100.0）和深圳龙岗区（97.0）。

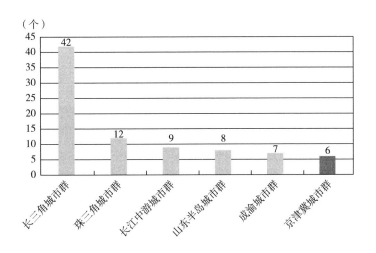

图 3-1 城市群最具投资潜力区域数量

资料来源：《胡润中国最具投资潜力区域百强榜（2020）》。

在人才吸引力和投资潜力两项反映城市发展潜力的指标上，京津冀城市群明显弱于长三角、粤港澳大湾区两大都市群，甚至存在弱于成渝城市群、长江中游城市群等第三梯队城市群的现象。

二、经济发展与世界级城市群仍存在差距

（一）与发达国家世界级城市群相比存在明显差距

与国际上公认的世界级城市群相比，京津冀区域在人口规模和地域面积具有优势，但在 GDP 总量、人均 GDP、地均 GDP 几个有关经济总量和效率的指标上还有着较大差距。京津冀地区人均 GDP 刚刚迈入人均 10000 美元的门槛，区域

GDP 仅相当于五个世界级城市群 2015 年水平的 3~6 成，地均 GDP 更是只相当于美国东北部大西洋沿岸城市群的 1/5，日本太平洋沿岸城市群的 1/20 左右（见表 3-3）。

表 3-3　京津冀城市群与世界五大城市群对比

城市群	面积（万平方千米）	人口（万人）	GDP（亿美元）	人均 GDP（美元/人）	地均 GDP（万美元/平方千米）
美国东北部大西洋沿岸城市群	13.8	6500	40320.0	62031	2922
北美五大湖城市群	24.5	5900	33600.0	56949	1976
日本太平洋沿岸城市群	3.5	7000	33820.0	48315	9662
欧洲西北部城市群	14.5	4600	21000.0	45652	1448
英国以伦敦为核心的城市群（英伦城市群）	4.5	3650	20186.0	55304	4486
京津冀区域	21.7	11308	12260.6	10842	565

注：国外主要为 2015 年数据，国内为 2019 年数据。

资料来源：国家发展改革委，住房城乡建设部. 长江三角洲城市群发展规划［R］. 2016；安树伟，闫程莉. 京津冀与世界级城市群的差距及发展策略［J］. 河北学刊，2016，36（6）：143-149；邢琰，成子怡. 伦敦都市圈规划管理经验［J］. 前线，2018（3）：76-78；潘芳，田爽. 美国东北部大西洋沿岸城市群发展的经验与启示［J］. 前线，2018（2）：74-76.

（二）与长三角和粤港澳大湾区两大国内城市群相比也存在一定差距

1. 经济规模小于长三角城市群和粤港澳大湾区

近几年来，三大城市群的经济总量总体上保持正增长趋势，长三角和粤港澳大湾区 2019 年 GDP 分别较上一年增长了 12.19% 和 7.03%，京津冀城市群则由于受到河北、天津 GDP 下滑影响，2019 年 GDP 下降了 0.66%，人均 GDP 下降了 0.93%（见图 3-2 和图 3-3）。2019 年，京津冀城市群区域 GDP 约相当于长三角的 36%、粤港澳大湾区的 73%，而人均 GDP 则是长三角的 72%、粤港澳大湾区的 43%，与其他两大城市群存在一定差距。

2. 占全国经济比重近年有所下降

京津冀城市群区域 GDP 占全国比重由 2014 年的 10.3% 下降至 2019 年的 8.5%，财政收入和支出的比重虽有上升（财政收入比重上升 1.37%，财政支出比重上升 1.18%），但提升幅度远不及长三角（财政收入比重上升 8.32%，财政支出比重上升 4.40%）和粤港澳大湾区城市群（财政收入比重上升 6.41%，财政支出比重上升 15.98%）（见表 3－4）。在长三角、粤港澳大湾区等区域加速崛起的形势下，京津冀区域将面临边缘化风险。

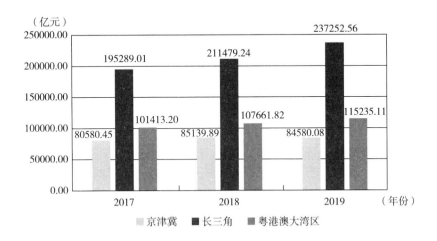

图 3－2 国内三大城市群 GDP 对比情况

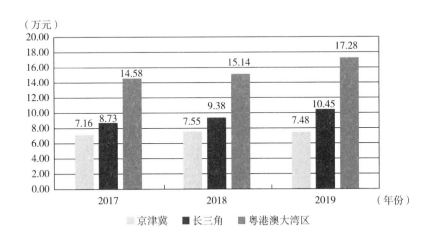

图 3－3 国内三大城市群人均 GDP 对比情况

表3-4　京津冀城市群与其他城市群对比　　单位：万元，%

项目	年份	京津冀	长三角	粤港澳大湾区
GDP比重	2014	10.33	23.26	12.42
	2019	8.54	23.95	11.63
人均GDP	2014	6.01	6.81	12.21
	2019	7.48	10.45	17.27
财政收入比重	2014	11.68	23.93	13.73
	2019	11.84	25.92	14.61
财政支出比重	2014	9.35	17.97	7.51
	2019	9.46	18.76	8.71

3. 产业结构有待进一步优化调整

京津冀城市群与长三角和粤港澳两大城市群相比，京津冀区域三次产业结构呈现出"两头重中间轻"的特点，第一产业和第三产业比重较高，而第二产业占比持续下降。2019年京津冀区域第一产业所占比重在三大城市群中最高，而第三产业比重也已经超过粤港澳大湾区，达66.78%；第二产业则比长三角、粤港澳分别低12个、3.5个百分点（见表3-5）。长此以往，将对科技创新、科技与产业的结合以及服务业与制造业融合发展等方面造成不利影响。

表3-5　2017~2019年三大城市群三次产业结构

年份 地区	2017	2018	2019
京津冀	4.66:36.72:58.62	4.26:34.41:61.33	4.51:28.71:66.78
长三角	3.27:44.21:52.53	2.97:42.74:54.28	2.84:40.91:56.25
粤港澳大湾区	1.2:32.91:65.89	1.15:32.17:66.68	1.23:32.2:66.57

（三）上市公司数量少，且分布过于集中

京津冀城市群共有上市公司503家，少于长三角城市群的1504家和粤港澳大湾区（9市）的621家。从区域内分布来看，京津冀城市群76.14%的上市企业和90.18%的市值集中在北京，天津、河北较为稀疏。反观长三角城市群，除安徽上市企业略少之外，上海、江苏和浙江上市企业总体规模相差不大，发展较为均衡（见表3-6至表3-8）。

表3-6　京津冀地区上市公司情况　　　　　单位：家，亿元

	北京	天津	河北	京津冀城市群
上市公司数量	383	60	62	505
上市公司总市值	179557	9521	10102	199180
平均市值	468.82	158.69	162.93	394.41

资料来源：根据 Wind 数据库整理。

表3-7　长三角地区上市公司情况　　　　　单位：家，亿元

	上海	江苏	浙江	安徽	长三角城市群
上市公司数量	348	494	534	128	1504
上市公司总市值	71234	58094	67216	18862	215407
平均市值	204.7	117.6	125.87	147.36	143.22

资料来源：根据 Wind 数据库整理。

表3-8　粤港澳地区上市公司情况　　　　　单位：家，亿元

	深圳	广州	佛山	东莞	珠海	惠州	中山	江门	肇庆	粤港澳大湾区（9市）
上市公司数量	341	119	41	41	28	12	22	9	8	621
上市公司总市值	99544	20384	13824	3091	6328	4070	2115	947	474	150778
平均市值	291.9	171.3	337.2	75.4	226	339.2	96.12	105.2	59.3	242.80

资料来源：根据 Wind 数据库整理。

（四）对外经贸指标差距明显

从对外开放的程度来看，京津冀城市群仍不及长三角城市群和粤港澳大湾区。京津冀城市群进出口总额保持逐步增长趋势，占全国的比重不断上升，2019年京津冀区域的进出口总额为4万亿元，但与粤港澳大湾区（14.6万亿元）和长三角（10.8万亿元）存在很大差距。实际利用外商直接投资方面，京津冀城市群虽然高于粤港澳大湾区，但落后于长三角，并呈现逐年下降的趋势（见表3-9）。从港口货物吞吐量来看，京津冀区域的多数城市位于内陆地区，港口货物吞吐量远低于长三角地区，略低于粤港澳大湾区，集装箱吞吐量与长三角和粤港澳大湾区之间存在较大的差距（见表3-10）。

表 3 – 9　2017～2019 年三大城市群实际利用外商直接投资额

单位：亿美元

地区 \ 年份	2017	2018	2019
京津冀	404.34	318.61	292.22
长三角	670.28	646.99	707.22
粤港澳大湾区（不含港澳）	218.01	224.02	227.81

表 3 – 10　2017～2019 年三大城市群港口吞吐量

地区	港口货物吞吐量（亿吨）			集装箱吞吐量（万国际标准箱）		
	2017 年	2018 年	2019 年	2017 年	2018 年	2019 年
京津冀	15.93	16.68	16.55	1881.2	2026.7	2142.7
长三角	48.76	47.50	46.47	8208.3	8634.0	9265.9
粤港澳大湾区	17.23	18.42	18.72	7100.7	7604.9	8107.8

第二节　京津冀区域一体化程度不突出

一、一体化程度指数仅位于第二梯队

从一体化程度排名来看，长三角（26 市）和粤港澳大湾区（除港澳外 9 市）的一体化程度处于国内城市群中的第一梯队，京津冀一体化指数低于山东半岛城市群，与中原和辽中南城市群位于第二梯队。第一梯队城市群一体化指数大幅领先于其他两个梯队，而第二梯队和第三梯队城市群之间并没有拉开较大差距。从 10 年间一体化程度变化趋势来看，京津冀城市群一体化指数的增长率虽然高于长三角和粤港澳大湾区，但由于初始一体化水平较低，京津冀与这两者一体化指数的绝对差距却在逐年增大（见图 3 – 4）。

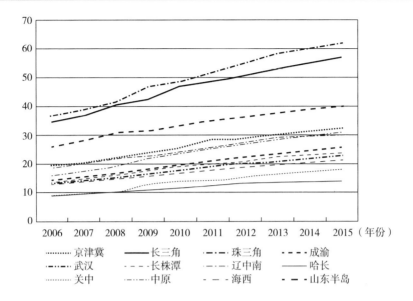

图 3-4 ACEP 指数变化趋势

资料来源：中国发展研究基金会《中国城市群一体化报告》。

二、城市群内部发展不均衡

从人均地区生产总值来看，2015～2019 年北京和津冀差距不断拉大。2015 年北京人均 GDP 略微低于天津，是河北的 2.65 倍。2019 年，北京人均 GDP 则已经达到了天津的 1.82 倍、河北的 3.54 倍（见图 3-5）。从地均地区生产总值来看，北京也已经逐渐甩开天津和河北，从 2015 年略微高于天津、河北的 8.88 倍发展到 2019 年是天津的 1.83 倍、河北的 11.59 倍（见图 3-6）。

三、城市之间联系偏弱

京津冀城市群中三地的联系偏弱主要体现在产业链碎片化现象明显、要素跨区域流动不够畅通等方面。

（一）产业链碎片化明显，各环节发展不均衡

京津冀已形成的产业链主要分布在传统制造业和轻工业领域，同高新技术领域特别是人工智能、高端装备制造、新一代信息技术等产业上下游融合的难度较大，影响创新成果落地转化。例如北京新一代信息技术以本地配套为主，与津冀联系明显薄弱，移动通信核心元器件、集成电路芯片设计等关键环节需加快补链，

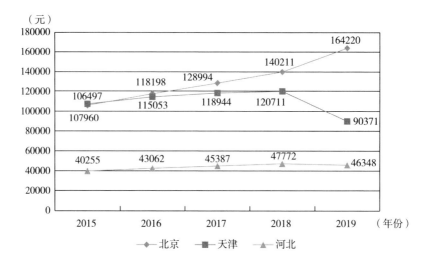

图 3 - 5　2015 ~ 2019 年京津冀人均地区生产总值

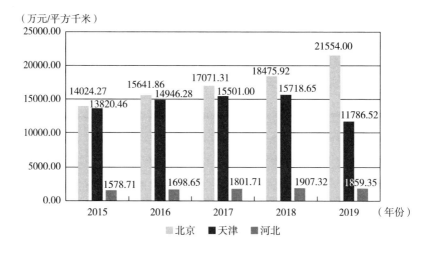

图 3 - 6　2015 ~ 2019 年京津冀地均地区生产总值

集成电路制造与封装、集成电路设备等已有一定发展基础的环节需加快强链；北京医疗诊断、监护及治疗设备已与天津形成一定分工，生物药品制造与天津、河北联系较少，中成药生产除上游原料药几乎全由河北批发外，其他主要在北京本地配套完成，与天津联系明显薄弱，基因工程药物和疫苗制造环节需加快补链强链；北京智能装备产业中，工程机械至少有 2/3 产业链布局在京津冀区域外，核心元器件下游产业链大部分布局在区域外，液压动力机械元件制造、气压动力机械及元件制造等核心元器件，工业机器人制造、特殊作业机器人制造、服务消费机器人制造等机器人细分行业需要加快补链强链。

同时，与长三角和粤港澳大湾区相比，京津冀地区缺乏像苏州、无锡、常州和东莞、佛山、顺德这样的制造业集聚区以及完备的制造业体系支撑，导致科技成果难以高效率、低成本就近落地转化。

（二）京津冀资源要素跨区域自由流动仍然不够畅通

在交通联系方面，京津冀区域城市之间高铁（包括动车、城际列车）发车频次大于 100 对/天的只有"北京—天津"一对城市，次一级节点城市地位不凸显；长三角城市群内有 18 对城市高铁发车频次大于 100 对/天，除了上海、杭州、南京等枢纽外，苏州、无锡、常州、镇江、嘉兴等次一级的节点城市也比较突出。

在数据要素方面，根据复旦大学 2019 下半年发布的《中国地方政府数据开放报告》，上海开放数林综合指数①为 69.36，蝉联省级政府数据开放水平排名第一，北京为 54.4，排名第四。全国已有 102 个地级及以上地方政府上线了数据开放平台，与东南沿海地区形成的连片"开放数林"相比，北京、天津四周尚未形成平台，数字鸿沟现象明显。

第三节　核心城市的带动作用不突出

核心城市作为世界级城市群的枢纽，是全球城市网络和全球价值链的关键节点，是国家和全球的经济、科技、文化和交通的中枢或政治中心，对整个城市群的发展起着重要的引领作用，在很大程度上决定着整个城市群的全球竞争力。因此，要弥补京津冀城市群距离"世界级"的差距，北京"核心"作用的发挥非常重要，将直接影响京津冀城市群的整体竞争力。综合来看，目前北京作为核心城市的带动作用发挥不突出，主要体现在距离全球城市坐标仍有一定差距、对内

---

① 开放数林综合指数是指专注于评估政府数据开放水平的专业指数。开放数据，蔚然成林，"开放数林"意喻着我国政府数据开放利用的生态体系。

组织协调作用发挥仍然不充分两个方面。

一、距离全球城市坐标仍有较大差距

北京作为国家首都、京津冀世界级城市群的核心城市，无论是整体发展水平还是核心功能竞争力，都与全球城市存在较大差距，首都科技、人才、文化优势尚未充分发挥，新发展动能亟待培育壮大。

（一）在全球城市网络中的地位不断提升，但仍存差距

英国拉夫堡大学地理系学者所组成的世界研究小组（GaWC）自 2000 年开始不定期发布《世界城市名册》，北京在名册中的排名逐年上升，由 2000 年的第 36 位上升至 2018 年的第 4 位后又在 2020 年回落到第 6 位，说明近年来北京在世界城市网络中的影响力总体上持续增强，但影响力发挥仍不稳定（见表 3 - 11）。同时，北京的企业成长也很迅速，2020 年《财富》世界 500 强排行榜中北京企业上榜 53 家，高于东京的 37 家、纽约的 16 家、巴黎的 16 家和伦敦的 15 家。无论是城市层面，还是企业层面，北京的国际影响力都在不断增强。

表 3 - 11　北京在 GaWC 世界城市网络①中的排名变化

年份	等级	排名	同期上海排名
2000	Beta +	36	31
2004	Alpha -	22	23
2008	Alpha +	10	9
2010	Alpha	12	7
2012	Alpha +	8	6
2016	Alpha +	6	9
2018	Alpha +	4	6
2020	Alpha +	6	5

资料来源：根据历年 GaWC 世界城市名册整理。

但北京作为京津冀世界级城市群的核心城市，无论是整体发展水平还是核心功能竞争力，都与全球城市相比存在较大差距，首都科技、人才、文化优势尚未

---

① GaWC 是根据 175 家会计、广告、法律、管理咨询和金融行业的高等级服务公司的数据，通过计算各个城市的商业联系度，来表明城市在世界网络中的地位。

充分发挥，新发展动能亟待培育壮大。根据日本东京城市战略研究所发布的全球城市实力指数（GPCI）报告显示，北京 2020 年在 48 个目标城市中排第 16 位，较 2009 年的 26 位有所上升，但期间经历明显波动；而伦敦、纽约、东京、巴黎、新加坡多年来遥遥领先于其他全球城市，一直保持前 5 名，榜首的伦敦在各个指标上表现更为出色，展现出了强大而均衡的综合实力优势（见图 3-7）。

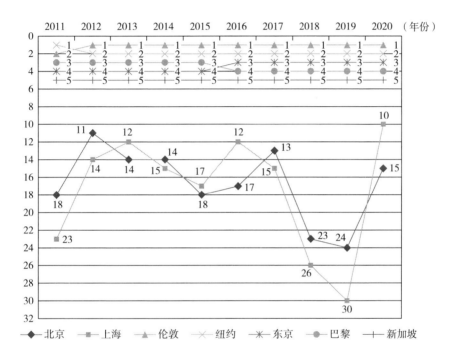

图 3-7 近年来北京、上海、伦敦、纽约、东京、巴黎、新加坡的排名情况

资料来源：Global Power City Index 2020 Summary。

（二）对全球资源和要素的掌控力仍然不强

然而，北京排名不断上升的背后，对全球资源要素的综合控制能力仍然偏弱。在 GaWC 世界城市排名中，北京的优势来源于其提供的金融服务，而广告、法律、管理咨询等专业化服务仍相对薄弱；《财富》500 强榜单中，北京虽然早已跃升为拥有 500 强总部数量第一的城市，但细分公司属性可以发现大多是我国大型国企央企，企业对全球经济资源的掌控能力仍然相对有限。为此，对《财富》500 强入榜企业进行进一步分析。

第一，从经营状况来看，北京入榜企业中银行业利润居前。入榜的 6 家银行

总利润占全部入榜北京企业的61.71%，平均利润252.4亿美元，明显高于中国
（194.1亿美元）和美国（166亿美元）同领域入榜企业平均水平，更是远高于
北京（44.6亿美元）、全国（35.6亿美元）和美国（70.1亿美元）所有入榜企
业的平均水平。除了银行业，所有其他领域企业的平均利润都低于美国的平均水
平（见图3-8），而银行业的高额利润很大程度上也不是来自于公司的竞争力，
而是来自于国家主导的金融体系下储蓄和贷款利率之间的差额。

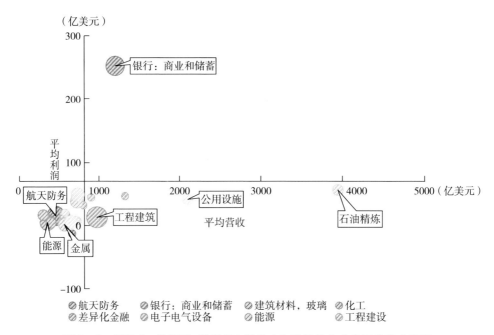

图3-8 2020年《财富》世界500强北京入选榜单企业分行业营业情况

注：横、纵坐标轴原点分别为美国入榜企业的平均营业收入810亿美元和平均利润70亿美元。

第二，从全球控制力来看，入榜企业的全球影响力不高。以利润最高的银行
业为例，北京的工商银行、建设银行、农业银行分别排在500强的第24位、第
30位、第35位，高于排在第38位的纽约摩根大通和排在第73位的伦敦汇丰。
然而，根据各银行2019年年度报告（见表3-12），境外机构业务税前利润在全
部税前利润中的占比工商银行占8.9%、建设银行占1.73%、农业银行占
3.73%，而摩根大通这一比例却高达17.04%。虽然北京各银行市值高、数量多，
但是仍以本土业务为主，国际业务占比低，对全球资源的掌控和全球经济的影响
仍然相对不足。

表 3－12　北京与纽约、伦敦等城市的银行国际影响力比较

单位：百万美元，%

名称	500 强排名	营业收入	利润		总部
			总额	境外占比	
中国工商银行	24	177069	45194.5	8.9	北京
中国建设银行	30	158884	38609.7	1.73	北京
中国农业银行	35	147313	30701.2	3.73	北京
中国银行	43	135091	27126.9	6.29	北京
摩根大通公司	38	142422	36431	17.04	纽约

资料来源：根据财富中文网 2020 年财富 500 强及各银行 2019 年年度报告提供的数据整理。

二、组织协调作用发挥不充分

当今世界，城市与城市之间已不仅是竞争关系，更多的是融为一体的共赢关系，核心城市与其他城市间已经由主从关系向弹性与互补关系转变。北京要成为京津冀世界级城市群的核心，必须将区域内不同城镇更高效地组织起来，使不同城镇都能在全球生产体系价值链的不同位置获利，形成完整的区域内的产业链、创新链和价值链。然而，目前北京的组织协调作用仍然没有很好地发挥出来。

（一）世界级城市群的区域基础仍需继续夯实

国内外成熟城市群发展的实践告诉我们，城市群需要具有完善的城市规模体系，由少数超大、特大或大城市作为核心城市与多数中小城市及小城镇相互串联而成，各规模等级城市间保持"金字塔"结构比例关系，中间不发生断层，上下不缺层，高等级城市的功能作用通过城市网络依次有序地逐级扩散到整个城市体系，从而才会产生较高的城市群整体功能效应。

伴随京津冀协同发展战略的全面部署，北京"一体两翼"发展格局基本确立，河北雄安新区和北京城市副中心以北京"两翼"之势，为区域发展开拓新空间。一核两翼的发展格局结束了过去相向发展的局面，北京发展的空间导向从"增长、聚集、开发"到"减量、疏解、提质"的同时，京津冀整体空间得到不断优化。

但京津冀城市群"哑铃"型结构明显。一方面，北京、天津是城市群的核心，集聚了整个城市群 43.12% 的人口和 58.5% 的地区生产总值，但无论是经济体量、指挥控制还是功能结构，距离世界级城市群核心的定位仍有差距。另一方

面，城市群内存在等级断层，存在超大城市过大、小城市数量过多，中间等级城市数量过少、发展不足等问题。不同等级规模城市数量比为2：0：6：5：1419，人口数量分别占43.12%、0、14.77%、3.88%、38.24%（见表3－13），不仅限制了核心城市对大中小城市的辐射带动，也不利于城市之间产业和创新的传导，影响了跨区域产业链体系的构建。

表3－13　2019年京津冀城市群内部城市规模体系① 单位：万人，%

城市等级		数量	规模	人口比重
超大城市	1000万以上	2	3168.84	43.12
特大城市	500万～1000万	0	0.00	0
大城市	100万～500万	6	1085.39	14.77
中等城市	50万～100万	5	285.01	3.88
小城市	50万以下	1419	2810.3	38.24

注：50万以下小城市数据为京津冀区域内县和镇的数量。

（二）节点组织作用发挥不明显

从都市圈层面来看，内部呈割裂发展态势，人口和经济联系不匹配。在人口方面，根据2017年对识别出的34个跨市域都市圈的分析可以发现，北京都市圈中心城市与周边外围城市之间每天平均人口流动约11万人次（见表3－14），低于深圳都市圈，更远低于东京都市圈内三县平均向东京都每天通勤的人口规模（约86万人）。在经济方面，北京都市圈中心城市与周边外围城市之间经济互相投资346亿元，低于上海的399亿元。对外围的带动作用不强，中心城市与周边外围城市人口流动规模占中心城市与所有城市人口流动规模的比重仅为11.5%，中心城市与外围城市互相投资规模占中心城市与所有城市互相投资规模的比重仅为8.2%，在34个都市圈都处于中等偏下的水平。

从整个城市群来看，彼此之间的联系也不是很紧密，以上市公司的空间联系为例，通过对总部设在北京的265家上市公司的5215家子公司的分析可以看出，

---

① 以城区常住人口为统计口径，将城市划分为五类：常住人口50万以下的城市为小城市，50万以上100万以下的城市为中等城市，100万以上500万以下的城市为大城市，500万以上1000万以下的城市为特大城市，1000万以上的城市为超大城市（以上包括本数，以下不包括本数）。

北京主要的经济联系是自身（25.8%）、广东（5.3%）和上海（5.1%），而河北和天津都只有3.5%。

表3-14 京津冀地区三个都市圈与外部经济联系

单位：万人次，亿元，%

城市	日均流动人次	年投资累计	外围人口重要度	外围经济重要度
北京	11.0	346	11.5	8.2
天津	6.2	249	18.7	31.5
石家庄	5.6	32	18.5	13.1
最高	12.0（深圳）	399（上海）	26.9（广州）	35.9（广州）

资料来源：清华大学中国新型城镇化研究院. 以都市圈建设推动我国城镇化高质量发展〔R〕. 2018.

执笔人：吴伯男 王术华 刘作丽

参考文献

〔1〕 K. Kwon. The Evolution of the World City Network, 2006 - 2013: The Case of the Organizational Structures in Transnational Corporations〔EB/OL〕. https：//www. lboro. ac. uk/gawc/rb/rb449.

〔2〕 Yao X., Wu X. Transition of China's Financial System after the Global Financial Crisis〔J〕. The World Economy, 2011（34）：792 - 804.

〔3〕 2020 年财富世界 500 强排行榜〔EB/OL〕. http：//www. fortunechina. com/fortune500/index. htm.

第四章　优化提升首都功能，引领京津冀城市群向世界级迈进

如前所述，核心城市作为枢纽对整个城市群的发展起着重要的引领作用，在很大程度上决定着整个城市群的全球竞争力。综合来看，目前北京作为核心城市的带动作用发挥不突出，主要表现在"四个中心"核心功能在全球价值链中的位置不凸显、服务保障能力距离国际高标准仍有差距等方面。需要更好地优化提升首都功能，提升北京核心城市的竞争力，引领带动京津冀城市群向世界级迈进，服务国家发展大局。

第一节　首都功能的历史与现状

一、首都功能的历史演变

自中华人民共和国成立以来，北京多次开展较大规模的城市总体规划编制工作。总体来说，可以分为两个阶段：第一个阶段是 20 世纪 50 年代到 80 年代初，北京的城市职能强调的是三个中心，即国家的政治中心、经济中心和文化中心。1953 年，北京市委制定《关于改建与扩建北京市规划草案要点》（以下简称《规划草案》），提出"首都应该成为我国政治、经济和文化的中心，特别要把它建设成为我国强大的工业基地和科学技术的中心"，囿于当时的经济发展阶级，将"建设经济中心"偏颇地理解为建设"工业中心"。1958 年的《北京城市建设总体规划初步方案》在规划指导思想、城市性质等方面与 1953 年的《规划草案》

基本一致，但在工业发展方面提出了"控制市区，发展远郊"的方针。

第二个阶段是20世纪80年代至今，强调的是政治中心这一核心职能，同时不断丰富围绕政治中心的其他基本职能。1980年，中央书记处对首都建设方针提出的四项指示，明确指出北京是全国的政治中心，是我国进行国际交往的中心，经济建设要适合首都特点，重工业基本不再发展。1983年，《北京城市建设总体规划方案》将北京的城市性质确定为"全国政治中心和文化中心"，不再提"经济中心"和"现代工业基地"，但提出经济发展要适合首都特点，经济发展不能仅局限于工业。《北京城市总体规划（1991年–2010年）》《北京城市总体规划（2004年–2020年）》均提出北京是全国的政治中心和文化中心，是世界著名古都和现代国际城市。2005年，国务院对《北京城市总体规划（2004年–2020年）》的批复中，进一步明确了做好"四个服务"的要求，即"为中央党、政、军领导机关的工作服务，为国家的国际交往服务，为科技和教育发展服务，为改善人民群众生活服务"。《北京城市总体规划（2016年–2035年）》指出，北京城市战略定位是全国政治中心、文化中心、国际交往中心、科技创新中心（见表4–1）。

表4–1 历次北京城市规划对城市性质的表述

时间	规划名称	对城市性质的表述
1953年	《关于改建与扩建北京市规划草案要点》	首都应该成为我国政治、经济和文化的中心，特别要把它建设成为我国强大的工业基地和科学技术的中心
1958年	《北京城市建设总体规划初步方案》	北京是我国的政治中心和文化教育中心，我们还要迅速地把它建设成一个现代化的工业基地和科学技术的中心
1983年	《北京城市建设总体规划方案》	北京是中国的政治中心和文化中心
1992年	《北京城市总体规划（1991年–2010年）》	北京是伟大社会主义中国的首都，是全国的政治中心和文化中心，是世界著名古都和现代国际城市
2004年	《北京城市总体规划（2004年–2020年）》	北京是中华人民共和国的首都，是全国的政治中心、文化中心，是世界著名古都和现代国际城市
2017年	《北京城市总体规划（2016年–2035年）》	北京城市战略定位是全国政治中心、文化中心、国际交往中心、科技创新中心

二、首都功能的现状与非首都功能疏解

习近平总书记在2014年2月26日视察北京讲话时，明确了北京"四个中

心"的首都城市战略定位，加强"政治中心、文化中心、国际交往中心、科技创新中心"的首都核心功能成为"十三五"时期北京市的工作重心。2017 年 9 月，党中央、国务院批复《北京城市总体规划（2016 年－2035 年）》，将"四个中心"功能建设置于最高位置，进一步明确了"四个中心"的首都城市战略定位要求，成为强化首都功能建设的总纲领。2019 年 11 月召开的北京市委十二届十次全会，贯彻党的十九届四中全会精神，提出积极构建更加有效的首都治理体系，持续优化提升首都功能，对"四个中心"功能建设提出了更高要求。"十四五"时期是坚持和完善首都城市战略定位的重要时期，进一步加强"四个中心"功能建设将是贯穿"十四五"时期的最重要历史任务。

非首都功能是与首都功能相对应的功能概念，统指与首都功能发展不相符、不相适宜的功能。首都功能与非首都功能作为城市功能集合中的两类功能，在既定的资源环境容量下存在着此消彼长的关系。从国际经验来看，疏解部分不符合国家战略目标、首都发展目标的功能，是日本东京、韩国首尔、英国伦敦、法国巴黎等首都城市在特定阶段应对"城市病"并提升全球竞争力和影响力的有效手段。因此，北京要基于新时代服务国家高质量发展、参与全球治理体系改革和建设的宏观视角，坚决有力地疏解非首都功能，为首都功能优化提升提供更多、更优质的空间。

第二节　首都功能优化存在的主要问题

面向未来，首都北京必将承担更重要的使命和担当，首都功能必将与世界强国地位相匹配，首都功能建设将是长期任务，并需要不断优化提升、丰富内涵，以适应新的国际国内形势要求。

一、"四个中心"核心功能在全球的位置不凸显

（一）在政治和国际交往中心方面，北京对国际事务、国际经济和全球化的影响力还较弱

北京结交友好城市及举办大型国际会议的数量领先，但缺少世界性的、官方有分量的顶级国际组织总部，缺少有影响力的发声渠道。目前全球最具影响力的

92 个国际组织中，仅上海合作组织秘书处设在北京。相比之下，纽约拥有联合国及 9 个直属机构总部、众多非政府间组织和直属机构总部以及 52.8 万人的国际组织雇员。根据 Zenith 发布的 2017 年全球三十大媒体主报告，北京仅有百度（第 4 位）和中央电视台（第 20 位）上榜（见表 4-2），而位于美国硅谷的媒体则占据了榜单中 2/3 媒体的位置。北京在文化传媒领域，距离发出具有全球影响力的中国之声目标还有较大提升发展空间。此外，民间国际交往不足，国际交往功能不仅要依托政府组织，靠官方外交来提升影响力，也需要借助外籍人才、民间力量，依靠各类型的民间交流活动来扩大影响力。纽约、伦敦的外籍人口占人口总量的比例均超过 35%，硅谷的外籍人才占 70% 以上。而北京的外籍居民及外籍高端人才不足，2018 年底，常住外籍人员约 14.2 万人，仅占常住人口的约 0.7%，中关村的国际人才比例也仅为 1%。

表 4-2　2017 年全球三十大媒体

排名	媒体名称	排名	媒体名称	排名	媒体名称
1	Alphabet	11	Viacom	21	Verizon
2	Facebook	12	Time Warner	22	Mediaset
3	Comcast	13	Yahoo	23	Discovery Communications
4	Baidu	14	Tencent	24	TEGNA
5	The Walt Disney Company	15	Hearst	25	ITV
6	21st Century Fox	16	Advance Publications	26	ProSiebenSat. 1 Group
7	CBS Corporation	17	JCDecaux	27	Sinclair Broadcasting Group
8	iHeartMedia Inc.	18	News Corporation	28	Axel Springer
9	Microsoft	19	Grupo Globo	29	Scripps Networks Interactive
10	Bertelsmann	20	CCTV	30	Twitter

资料来源：https://www.zenithusa.com/top-30-global-media-owners-2017。

（二）在科技创新方面，关键核心技术和自主知识产权仍然不足，核心竞争力和可持续发展能力还有待提升

企业创新主体地位有待进一步加强，2019 年全市工业企业研发投入强度为 1.22%，距离创新能力较强的全球城市还有较大差距。具体到明星企业，京东作为北京入榜 500 强的 IT 企业，2019 年营业收入 835.05 亿美元，利润 17.64 百万美元，不但不能与美国的苹果、亚马逊、微软、IBM、英特尔、思科、Facebook

等全球 IT 著名企业相比，而且与国内的阿里巴巴、腾讯、华为等同类企业也有较大差距。优异的经营数字背后是领先的创新能力以及全球价值链的管理能力，它们不仅具有核心技术和产品，而且具备吸纳、整合全球最优资源和引领全球价值链的管理能力。

（三）在文化方面，距离首都需要承担的弘扬中华文明与引领时代潮流的使命要求还有差距

在重大公共文化设施方面，以博物馆为例，根据《2019 全球主题公园和博物馆报告》，全球最受欢迎的前 20 家博物馆北京有 2 家入榜，观众总计 1128.1 万人次，数量与伦敦、巴黎等文化都市相比已没有明显差距（见表 4－3）；但我们的博物馆影响力仍然主要集中在本土，2019 年国博仅有 1.3% 的外籍观众，远低于卢浮宫约 70% 的水平。在重点文化产业方面，北京文化产业发展指数居全国第一位，但文化产业走出去仍然任重道远。以电影为例，2017 年京产影片效益明显，年度国产电影《战狼 2》票房收入达 8.073 亿美元，成为首部跻身全球票房前 100 名的中国电影，打破了票房百强被好莱坞垄断的现象。但在这份票房奇迹里，本土票房贡献了总票房的 99.7%，海外票房仅占 0.3%（见图 4－1）。而榜单中的其他影片海外票房占比几乎都在 20% 以上，《星球大战》更是高达 60%。

表 4－3　全球排名前 20 位的博物馆　　　　　　　单位：万人

排位	博物馆名称	所在国家/地区	所在城市	2019 年游客量
1	卢浮宫	法国	巴黎	960
2	中国国家博物馆	中国	北京	739
3	梵蒂冈博物馆	梵蒂冈	梵蒂冈城	688.3
4	大都会艺术博物馆	美国	纽约	677
5	大英博物馆	英国	伦敦	620.8
6	泰特现代艺术馆	英国	伦敦	609.8
7	英国国家艺术馆	英国	伦敦	601.1
8	英国自然历史博物馆	英国	伦敦	542.4
9	美国自然历史博物馆	美国	纽约	500
10	埃尔米塔日博物馆	俄罗斯	圣彼得堡	495.7
11	上海科技馆	中国	上海	482.4
12	索菲亚王后国家艺术中心博物馆	西班牙	马德里	442.6
13	史密森博物馆	美国	华盛顿特区	420

续表

排位	博物馆名称	所在国家/地区	所在城市	2019 年游客量
14	南京博物馆	中国	南京	416.9
15	浙江博物馆	中国	杭州	415
16	美国国家美术馆	美国	华盛顿特区	407.4
17	维多利亚和阿尔伯特博物馆	英国	伦敦	392.1
18	中国科学技术馆	中国	北京	389.1
19	台北故宫博物院	中国台湾	台北	383.2
20	奥赛博物馆	法国	巴黎	365.2

资料来源：《2019 全球主题公园和博物馆报告》。

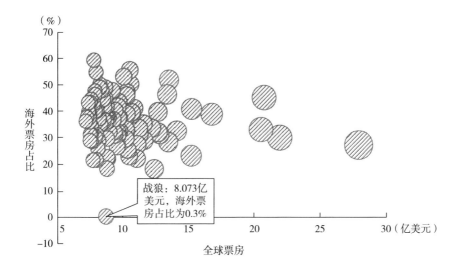

图 4 - 1　全球票房前 100 名的票房情况

资料来源：根据 Box Office Mojo 百强名单绘制。

二、服务保障能力距离国际高标准仍有差距

提高首都服务保障能力，提升首都城市发展品质，是满足人民日益增长的美好生活需要的客观要求，也是集聚首都核心功能适用人才和要素、实现高质量发展的必要条件。与国际标准相比，无论是硬件设施投入，还是软环境提升，北京

都还有很长的路要走。

（一）生活质量和宜居水平还存在明显短板

2020年12月，日本东京城市战略研究所发布的全球城市实力指数（GPCI）报告显示，北京在六项分类指标中分别排名第3位、第12位、第14位、第43位、第45位和第13位（见图4-2），呈现出明显的不均衡性，环境、宜居类指标是最突出的短板，与经济发展地位极不相称，治理污染、改善环境、缓解交通拥堵等还需要下更大力气，扩大优质公共服务供给还有大量工作要做。对比而言，位列榜首的伦敦在各个指标上表现相对出色，展现出了强大而均衡的综合实力优势（见图4-2）。

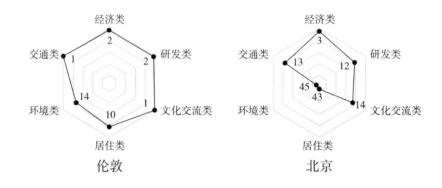

图4-2　北京与伦敦GPCI分类指标排名对比

资料来源：根据GPCI 2020年指标绘制。

（二）基础设施水平距离国际一流标准仍有距离

作为世界级城市群的核心城市，北京是提供各类要素流动和配置的平台，是"流动的空间"，需要高等级的基础设施将客货物、金融、技术、创意、信息、社会等各种"流"高效连通，更好地发挥核心枢纽作用，但北京距离国际一流标准仍有距离。在机场方面，2019年北京首都国际机场的旅客吞吐量为10001万人次，已连续多年稳居全球机场第二位。但作为国际枢纽，北京2018年直通国际航线的城市数量仅为伦敦的33.4%、巴黎的42%（见图4-3），首都机场国际客流和国际航线偏少，中转旅客比例明显偏低，机场和航空公司的准点率不高，机场服务保障能力仍有很大提升空间。在宽带方面，《中国宽带速率报告（第25期）》显示，北京2019年第三季度固定宽带下载速率为40.41兆字节/秒，低于上海的 41.95 兆字节/秒，仅为 2016 年纽约的 60%；固定宽带下载速率略低于上海、远低于纽约等全球城市；互联网安全水平也明显低于纽约、伦敦、东京。

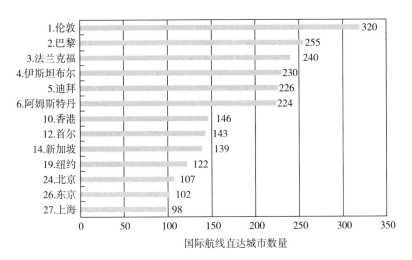

图 4-3　直通国际航线城市数量

资料来源：Global Power City Index 2018 Summary。

（三）与国际接轨的营商环境仍有很长的路要走

一方面，疏解非首都功能仍需攻坚克难，完全公平、透明营商环境的培育尚需时日，集聚"四个中心"功能特别是具有全球资源配置能力的功能形势严峻。在管制程度、市场秩序等软环境方面，尚有较大差距，这种环境条件的缺失，影响外国管理、服务机构的进入速度与规模，即使目前已入驻的跨国公司地区总部或中国总部以及金融商务等服务公司，也有相当一部分是属于"抢滩"性质，其运作的能量有限，难以赋予城市新的经济功能。另一方面，走向世界的中国企业，也面临强化合规管理、防范合规风险的严峻挑战，特别是在中美贸易战的大背景下，合规已经成为中国企业参与全球竞争必须跨越的门槛，同时也是软实力的重要体现。因此，加强立法与执法，放松管制程度，整顿市场秩序等软环境改善，已成为十分迫切的事情。

（四）对国际化适用人才的吸引力不足

人才是决定知识、技术密集型产业发展的决定因素，在过去的城市发展过程中，哪里有工作，人就向哪里集聚，是人口追逐就业；而现在的趋势是哪里吸引人才，机构就设在哪里，是就业追逐人口。目前，北京国际人力资源总量不足，常住北京的外籍人口占人口总量的比重不足1%，而伦敦、纽约这一比例均超过35%，能够长期在北京活动的国际领军科学家和一流创新人才数量更加有限，这在一定程度上将影响北京首都功能的优化和竞争力的提升。同时，北京宜居程度远低于经济发展水平，并且已经成为世界上国际派遣成本最为昂贵的城市之一，这给北京吸引优质资源、要素和人才带来很大压力。

此外，和其他世界城市相比，北京人口基数大、劳动力资源丰富，但随着我国20世纪中期生育高峰期出生的人口陆续进入老年，北京也不可避免地进入老龄化阶段。一直以来，北京都依靠输入型人口维持其人口规模相对合理的人口结构，然而随着北京发展阶段发生变化，减量发展成为必然选择，在此背景下，靠输入型人口延缓老龄化的节奏的方式难以为继，后备劳动力资源和老龄化的问题将会愈发突出，发展压力将持续增大。

第三节　进一步优化提升首都功能的建议

2019年，北京人均GDP达2.4万美元，全员劳动生产率达26.5万元/人，保持全国领先水平，首都功能优化提升、首都高质量发展迈出了坚实的步伐。但北京要想成为世界级城市群的真正核心，还需要正确认识与全球城市之间的差距，在优化提升首都功能上付出更多努力。

一、强化"四个中心"功能提升首都核心竞争力

从总体上考虑，强化"四个中心"功能建设，要坚持以下几方面的原则：一是坚持都城协调与配合。正确处理好"都"与"城"的关系，"城"的功能要服务于"都"的功能，注重提升城市品质，以"城"的完善支撑"都"的发展，促进首都功能持续提升。二是坚持空间分异与贯通。"都"与"城"的功能在空间上要有分异化配置，但不是空间隔离，不同功能空间又要密切连通。三是坚持央地联动与分工。加强"四个中心"功能建设离不开党中央、国务院及各部委的支持，离不开央属机构的配合，要发挥好央地协力作用，同时明确好各自分工，建立常态化工作机制，齐心协力做好"四个中心"功能建设。

首先，落实"看北京首先从政治上看"的要求，加强政治中心功能建设。

积极推动老城功能重组，加紧疏解非首都功能，促进人口密度、商业密度、旅游密度、建筑密度降低。健全国家重大政治活动、外交活动、庆祝活动等常态化服务保障机制，为凸显政治中心功能提供优质安全有序的政务环境。积极推进多领域国际规则、标准在京制定，打造具有国际影响力的重大活动和奖项，服务国家增强对国际规则制定的话语权。积极争取国际舆论主导权，大力培育新型国际智库在北京集聚发展，打造国际智库集群，为人类社会发展贡献更多北京智慧、北京方案。

其次，高举社会主义先进文化之都的大旗，加强文化中心功能建设。深入落实"一核一城三带两区"① 重点任务，进一步凝练北京古都文化、红色文化、京味文化、创新文化的核心内涵，打造具有标志性、代表性的区域、地标等，形成可感知、可触摸的文化品牌。深化文化体制机制改革创新，激发社会文化发展活力，满足人民群众日益增长的多样化文化需求。推动文化与其他产业融合，发展"文化＋旅游""文化＋金融""文化＋农业""文化＋休闲"等多种形式，充分挖掘文化产业新的增长极。

再次，适应我国日益走近世界舞台中央的新形势，服务大国外交战略，加强国际交往中心功能建设。适应重大国事活动常态化要求，完善国际交往功能体系、空间格局和政策体系以及服务保障机制，加强国际交往重要设施和能力建设，持续拓展对外开放的广度和深度，不断提高城市国际化程度，努力打造国际交往活跃、国际化服务完善、国际影响力凸显的国际交往中心。着眼提高对全球资源和要素的掌控力，积极争取各类跨国公司总部、国际组织和国际智库及会计、广告、法律、管理咨询和金融等先进生产者服务业进一步向北京集聚。同时继续强化本土跨国企业的核心竞争力，使其在融入全球价值链/产业链的过程中得到优化提升。

最后，瞄准全球科技创新发展前沿，加强国际科技创新中心功能建设。以"三城一区"为主平台，以中关村自主创新示范区为主阵地，完善以科技创新为核心的全面创新体系，健全鼓励支持基础研究、原始创新的体制机制，主动承接国家科技重大专项、重大科技基础设施，打造建设创新型国家的战略制高点。营造更加良好的创新创业生态，完善科技人才发现、培养、激励机制，完善科技成

---

① "一核"以社会主义核心价值观为引领，建设社会主义先进文化之都；"一城"即加强历史文化名城保护；"三带"即推动大运河文化的文化带、长城文化带、西山永定河文化带保护和建设；"两区"即推动建设公共文化服务体系示范区和文化产业发展引领区。

果转化机制，构建跨区域、面向前沿产业、政产学研多方参与的协同创新组织，建立有利于科技成果转化的考核评价机制，促进政产学研协同创新，大幅提升创新主体的活力和竞争力，建设具有全球影响力的国际科技创新中心。

二、提高服务保障能力增强首都软实力

提高首都服务保障能力，提升首都城市发展品质，是满足人民日益增长的美好生活需要的客观要求，也是集聚首都核心功能适用人才和要素、实现高质量发展的必要条件。

首先，提升城市经济品质，为首都功能优化提供充足物质基础。透过500强榜单发现，作为后工业化时代产业转型和结构调整的方向，与生命健康和生活相关的产业已经成为发达国家各城市的重要支柱产业。未来，北京也需要充分关注这一发展趋势，适时推动与民众生活、健康相关的产业发展，满足人民日益增长美好生活需要的同时，带动全国经济转型与发展。

其次，全力打造国际航空枢纽，提升国际性流通网络枢纽功能。按照京津冀"三地四场"的功能定位，完善首都机场功能，高标准建设北京大兴国际机场，进一步巩固和提高北京国际性流通网络枢纽功能，积极助推分工合作、优势互补、空铁联运、协同发展的京津冀世界级机场群的建设。以144小时过境免签政策的顺利实施为契机，大力发展洲际航线，持续优化中转流程，缩短最小中转衔接时间，进一步提升中转效率，营造更为宽松的通关环境，提升机场的国际中转竞争力。

最后，更好地履行"四个服务"职责，全力提升首都城市软实力。在疏解功能、优化环境、提升文化、塑造特色等软环境上给予更多关注，使之成为中国特色、国际一流、可持续的和谐宜居之都，更好地履行"四个服务"职责，做到服务保障能力、人口资源环境、城市布局与城市战略定位相适应，打造高质量发展的新引擎。着眼于企业体验巩固营商环境改革取得的成果，为企业营造良好的生态环境，同时，加强企业合规体系建设和合规文化的培育，强化本土企业的全球竞争力。提高政策的精准度和针对性，加快首都核心功能适用人才特别是国际化人才集聚，实施人才驱动创新战略。

三、非首都功能疏解要有取舍和协调

北京强调功能疏解并不是说不发展了，是要立足自身功能定位谋求更好的发展。未来，要正确把握"舍"与"得"、"疏解"与"提升"的关系，继续集聚

有利于竞争力提升的资源和要素，助力建设更具全球影响力的大国首都和更具影响力的世界级城市群。

一方面，非首都功能不等同于待疏解功能。在首都发展实践中，首都功能与非首都功能之间并非完全对立，两者存在着紧密联系的辩证统一关系。在北京承载的非首都功能中，包含着居住、交通、供水供电供热、安保应急、医疗卫生、教育、娱乐等城市基本功能以及金融、商务、旅游等特殊功能。其中，基本功能既是城市顺畅运行的保证，又是做好"四个服务"的支撑。从城市特殊功能来看，金融等功能强化了全球重要资源要素配置和决策中枢的作用，有利于更好地服务国际交往等首都功能优化提升，更好地支撑以首都为核心的世界级城市群建设。因此，首都功能与非首都功能都是建设和管理好首都的重要功能构成。首都功能的发展和强化需要部分非首都功能提供基础性、辅助性和服务性的支撑。而当前部分非首都功能仍有待加强，以更好地服务于首都功能，更好地巩固提升首都在全球的竞争力。

另一方面，非首都功能疏解并非单指非首都功能的外迁。目前，非首都功能疏解从控制增量和削减存量两种思路入手。对部分需要削减的存量，也并非完全或直接疏解至市域外，而是着眼市域功能和空间优化调整，促进京津冀区域协同发展，实行有序梯度疏解。一是推动北京城市副中心与雄安新区规划建设，打造非首都功能疏解的两个集中承载地。北京城市副中心与城市中心区空间呼应、功能互补，是扭转北京"单中心"空间格局的"反磁力"中心，也是京津冀区域城镇体系中重要的"二传手"，需以承接市级行政功能及其他非首都功能为先导，推动基于商务服务等高端生产性服务业的综合性功能发展。雄安新区位于北京市域外（京津冀）区域内，将重点承接高校、医疗机构、企业总部等高端优质非首都功能，限制承接和布局一般性制造业、中低端第三产业，加强与北京的分工合作、联动发展，打造京津冀协同发展各种要素流通与汇聚的京雄"大动脉"。二是加快顺义、大兴、亦庄、昌平、房山五大新城建设，打造承接中心城适宜功能的重点地区，重点承接服务全国和区域的商务商贸、专科医疗、教育培训等功能，发挥面向区域协同发展的前沿作用。三是推进生态涵养区保护与绿色发展，在保障首都生态安全的前提下，适度承接科技创新、国际交往、会议会展、文化服务、健康养老等部分功能，努力打造宜居宜业宜游的绿色发展示范区。

执笔人：王术华　刘作丽　常艳

参考文献

［1］Box Office Mojo. All Time Box Office Worldwide GrossesS1 –100 ［EB/OL］. https：//www. boxofficemojo. com/.

［2］OAG. Punctuality League 2018 On – time Performance Results for Airlines and Airports ［EB/OL］. https：//www. oag. com/.

［3］Zenith. Top 30 Global Media Owners 2017 ［EB/OL］. https：//www. zenithusa. com/top – 30 – global – media – owners –2017/.

［4］董光器. 从北京城市性质提法的演变看首都 60 年的发展 ［J］. 北京规划建设，2009（5）：12 – 14.

［5］宽带发展联盟. 中国宽带速率状况报告（第 25 期）［R］. 2019.

［6］李晓江，徐颖. 首都功能的历史、现状及完善 ［J］. 北京人大，2015（8）：9 – 13.

［7］美国主题娱乐协会与 AECOM 经济咨询团队. 2019 全球主题公园和博物馆报告 ［EB/OL］. https：//www. aecom. com.

［8］戚本超，周达. 北京城市职能发展演变研究 ［J］. 城市问题，2006（7）：28 – 31.

［9］王志乐. 中国企业数量稳居《财富》世界 500 强第二位，合规却成最大软肋 ［EB/OL］. http：//www. fortunechina. com/fortune500/c/2018 – 07/19/content_ 311015. htm.

［10］周振华. 崛起中的全球城市：理论框架及中国模式研究 ［M］. 上海：格致出版社，上海人民出版社，2017.

［11］周振华. 全球城市：演化原理与上海 2050 ［M］. 上海：格致出版社，上海人民出版社，2017.

第五章 促进北京产业高质量发展，支撑京津冀城市群更好融入新发展格局

面对世界经济低迷、保护主义上升、全球市场萎缩的国际环境，党中央、国务院对我国经济发展战略做出了重要调整，要求逐步形成以国内大循环为主体、国内国际双循环相互促进的新发展格局。北京作为国家首都与京津冀区域的核心城市，加快产业高质量发展，是带动周边区域产业优化提升与循环畅通的必然要求。本章从减量发展、创新发展、协调发展、绿色发展、开放发展、共享发展六个维度构建北京产业高质量发展评价框架，采用统计数据与大数据相结合的分析方法，对北京产业高质量发展现状与问题进行剖析，并提出促进产业高质量发展的主要思路与对策建议，以发挥好北京的核心带动示范作用，加快推动构建面向区域、具有全球影响力的现代化产业体系，提升京津冀对国内国际双循环的战略支撑作用。

第一节 产业高质量发展的概念及评价框架

中国经济从高速增长转向高质量发展，是一个划时代的变化，引发了各界对高质量发展的高度关注，相关研究成果不断丰富。

一、何为高质量发展

在高质量发展概念方面，众多研究从多个维度进行了解读。从发展的战略目

标来看，高质量发展是能够满足人民日益增长的美好生活需要的发展状态，有助于破解当前存在的不平衡、不充分问题。从发展理念来看，高质量发展是以创新、协调、绿色、开放、共享五大新发展理念为指导和原则的发展状态。其中，创新是根本动力，协调是内生特点，绿色是根本前提，开放是必由之路，共享是根本目的。从发展特征来看，高质量发展是在方式转变、结构优化、动力转换方面明显不同于以往高速增长的发展状态。高速增长阶段的基本特征是以数量快速扩张为主，主要解决的是"有没有"的问题；高质量发展则更强调质量效益的提升，是解决"好不好"的问题。质量第一、效益优先是对发展成效最直接的要求和体现。

2017年中央经济工作会议明确提出，必须加快形成推动高质量发展的指标体系、政策体系、标准体系、统计体系、绩效评价、政绩考核。因此，从国家到地方都对高质量发展的评判体系进行了探索。北京作为全国的首都，是全国首座减量发展的城市，减量发展也是北京谋求高质量发展的先导抓手和首要特征。因此，北京高质量发展指标体系包括减量、创新、协调、绿色、开放、共享六个维度，作为全市高质量发展实践的"指挥棒"。

二、评价框架及数据来源

北京高质量发展是贯彻减量、创新、协调、绿色、开放、共享六大发展理念的发展状态，相应地，产业高质量发展是六大发展理念在产业领域的具体体现和落实，贯穿于产业发展的整个过程和各个环节。因此，本部分将从减量发展、创新发展、协调发展、绿色发展、开放发展、共享发展六个维度构建北京产业高质量发展评价框架，以对全市产业高质量发展存在的问题进行挖掘分析。

北京产业高质量发展可分解为减量、创新、协调、绿色、开放、共享六大方面的发展，其中，减量发展的"减"不是目的，重点是通过结构升级、功能等级的优化和空间紧缩精准"减量"，成为京津冀区域的高质量发展核心；创新发展是引领高质量发展的第一动力，是动能转换的核心和引擎，既体现在创新投入、产出、成果转化等方面，也体现在创新型产业的发展方面；协调发展是高质量发展的内生特点，也是解决当前北京发展仍然存在不平衡不充分问题的必然要求，既包括产业间的协调、不同规模企业的协调，也包括城乡区域间的协调；绿色发展是高质量发展的刚性约束，也是实现资源低消耗、低污染或无排放的高效率发展；开放发展是北京产业提升国际竞争力和影响力的必由之路，既体现在对资本等资源的全球配置方面，也体现在服务业扩大开放方面；共享发展是北京产业高质量发展的最终落脚点，是提高居民生活质量、实现发展成果共享的重要抓手，具体体现在生活性服务业发展、消费水平提升、就业岗位创造及人均工资提高等方面。

研究数据主要来自 2011～2019 年《北京统计年鉴》《北京区域统计年鉴》。为便于横向比较，部分数据来自上海、深圳、天津、杭州历年统计年鉴。不同于统计数据，大数据具有及时、精准、可定制化等优势，因此本章探索采用了大数据分析方法，涉及数据主要包括两方面：

第一，企业登记注册数。来源于全国企业工商登记注册数据库，截至 2019 年 9 月，共覆盖企业总量超过 5600 万家。由国家信息中心对数据库进行处理：一是将企业注册地与行政区划代码匹配，筛选出注册在不同城市的企业以及北京不同区的企业；二是以制造业、服务业、高技术产业、十大高精尖产业、生产性服务业、生活性服务业等为相关关键词，匹配企业经营范围，筛选出注册在不同城市、不同区的相关类别的企业。

第二，招聘就业、薪酬数据。主要来源于智联招聘、赶集网、58 同城、拉勾、猎聘、前程无忧等全国主流互联网招聘网站发布的招聘信息，时间周期为 2016 年 1 月至 2019 年 9 月，数据共计超过 1.17 亿条。由国家信息中心对数据库进行处理：使用相关关键词对招聘岗位进行匹配，并将招聘企业名称与企业工商登记注册数据库进行关联，以获得注册于不同城市、北京不同区的相关企业对应的招聘数据。

第二节　北京产业减量发展存在的问题

减量发展是北京产业高质量发展的首要特征，重点从结构升级和功能等级优化两个角度剖析存在的问题。

一、在产业结构层面，生产性服务业发展不足

从社会劳动生产率来看，自改革开放以来，北京经历了三个不同的发展阶段：1978～1994 年，一二三产业劳动生产率分别提升，但第三产业劳动生产率

仍然低于第二产业；1995～2008 年，一二三产业劳动生产率继续提升，第三产业劳动生产率高于第二产业（除 2005 年以外）；2009～2018 年，第二产业劳动生产率超过了第三产业，并且差距有扩大趋势。

2008 年，北京 GDP 增速从两位数降至个位数，逐步进入中速增长阶段，这与第三产业劳动生产率被第二产业赶超的时间段基本一致。事实上，众多学者用"结构性减速"解释经济下行，将增速放缓的原因归于产业结构服务化，即第二产业占比下降，第三产业占比提升，但后者劳动生产率低于前者，导致经济增长速度下降。这种观点获得了较为广泛的认同，不少学者开始对在经济增速放缓的背景下继续出台推进服务业发展的政策表示怀疑与担忧。一些研究甚至提出，为避免结构性减速，需要放慢产业结构服务化进程。

在推动高质量发展背景下，厘清对产业结构服务化导致经济增速减慢的误解，正确认识服务业比重增长同产业高质量发展的关系必要而迫切。

第一，不同于制造业，服务业是异质性较强的行业。根据生产性服务业（Producer Services）、分销性服务业（Distributive Services）、个人服务业/消费性服务业（Personal Services）、公共服务业/社会服务业（Social Services）四种服务业的分类，和制造业效率具有明显差异的是后三类，一些生产性服务业生产率则可能比制造业更高。由于分销服务业具有辅助生产属性，其发展高度依赖于制造业规模。随着服务外包兴起，制造业企业将那些适宜外包的分销服务业务和一些生产率滞后的生产性服务业务外部化，在规模上导致制造业的萎缩和服务业的扩张，在生产率上导致制造业与服务业间的技术差距进一步扩大。对于依托手工技艺、难以实现标准化大规模生产、递送过程强烈依赖于服务提供者和消费者之间面对面接触的个人或社会服务业而言，生产率确实存在着上涨缓慢甚至停滞的问题，劳动力成本的上涨会直接传递为服务价格的上涨，此时服务业在国民经济中比重的上升并非由于服务量的实质增长，而只是价格上升相对较快的结果。

第二，从发达经济体的发展实践来看，服务业与非服务业的效率逐渐趋同。研究发现，在产业服务化过程中，几乎所有 OECD 国家的服务业与非服务业之间的生产率偏差都在大幅缩小，尤其在美国、意大利和葡萄牙，这一偏差甚至消失，这与其生产性服务业占比 70% 以上的服务业结构有关。

第三，新技术有利于改变服务业的基本性质，提升服务业的生产效率。江小涓（2017）研究发现，现代通信信息技术在我国的广泛运用正在改变服务业的基本性质，引起广泛的资源重组与聚合，对传统服务经济理论提出挑战，传统的有关服务业生产率低的关键假说已不再成立。

第四，产业结构的服务化符合人类需求变化。发达国家的实践表明，人均收入水平越高、经济越发达的国家，其服务业比重通常也会越高。经济增长的终极目标是满足人类改善生活质量和提高福利水平的追求。因此，由生存型消费向一定程度享受型消费转变是人类社会发展进化的必然趋势。因此，纵使"滞后"的服务业比重提升可能导致经济增长率下降，也仍是产业结构演变的必经过程。

因此，产业结构服务化不仅与经济增长不矛盾，而且是产业结构优化的必然趋势。北京第三产业与第二产业生产率的差别主要在于生产性服务业发展不足，表现为占比不高、新技术利用不够；还在于服务业对内对外开放不足和竞争不充分。相比制造业大部分属于高度市场化部门，诸多服务业市场存在行政力量垄断管制、生产竞争不足的问题，客观上阻碍了传统服务业的提升和新服务业的出现，需要通过改革创新加以破解。

二、在市域功能层面，部分区优势产业与首都核心功能契合度仍然较低

2013~2017年，在北京市总产值中占比最高的前五位行业一直为金融业，制造业，信息传输、软件和信息技术服务业，批发和零售业，科学研究和技术服务业，但排序和比重有所变化，整体结构逐步优化。其中，金融业、制造业始终位列第一、第二，但前者近3年明显增长乏力，增长面临"瓶颈"；信息传输、软件和信息技术服务业，科学研究和技术服务业两大技术密集型行业排名上升，技术创新在经济转型发展中的作用愈加凸显。但文化、体育和娱乐业等与首都核心功能高度契合的产业占比并无显著提升（见表5-1）。

表5-1　2013~2017年生产值排名前五位的行业变化　　　　单位：%

排名＼年份	2013	2014	2015	2016	2017
1	金融业（14.48）	金融业（15.30）	金融业（16.58）	金融业（16.64）	金融业（16.62）
2	制造业（13.95）	制造业（13.36）	制造业（12.36）	制造业（12.24）	制造业（11.84）
3	批发和零售业（11.51）	批发和零售业（10.99）	信息传输、软件和信息技术服务业（10.31）	信息传输、软件和信息技术服务业（10.93）	信息传输、软件和信息技术服务业（11.53）

年份 排名	2013	2014	2015	2016	2017
4	信息传输、软件和信息技术服务业（9.35）	信息传输、软件和信息技术服务业（9.73）	批发和零售业（9.93）	科学研究和技术服务业（9.79）	科学研究和技术服务业（10.21）
5	科学研究和技术服务业（8.77）	科学研究和技术服务业（9.21）	科学研究和技术服务业（9.40）	批发和零售业（9.24）	批发和零售业（8.88）
合计	58.06	58.59	58.58	58.84	59.08

资料来源：根据历年《北京市统计年鉴》整理计算。

分区来看，在核心区，西城区产值占比排名前五位的行业为金融业（46.11%）、租赁与商务服务业（7.09%）、批发和零售业（7.03%）、工业（6.39%）及科学研究和技术服务业（6.16%）；东城区产值占比前五位的行业分别为金融业（23.34%），信息传输、软件和信息技术服务业（11.98%），科学研究和技术服务业（10.87%），批发和零售业（10.04%）以及租赁与商务服务业（9.69%）。两区占比最高的行业均为金融业，且占全市的比重合计超过50%，是资本配置能力的重要体现。在中心城区，朝阳区、海淀区、丰台区、石景山区 2017 年产值占比排名具有明显优势的产业分别为批发和零售业（18.90%），信息传输、软件和信息技术服务业（29.89%），科学研究和技术服务业（16.49%），信息传输、软件和信息技术服务业（17.76%）。在副中心，通州区 2017 年产值占比前五位的行业与全市及中心城各区差别明显，依次为工业（28.63%）、建筑业（18.85%）、房地产业（12.99%）、金融业（7.32%）和教育（6.62%），与首都核心功能契合度明显较低。在平原地区（房山区、顺义区、昌平区、大兴区和北京经济技术开发区），2017 年区总产值中占比最高的均为工业，其比重分别为 51.32%、35.55%、35.98%、29.86% 和 63.76%。在生态涵养区（门头沟区、怀柔区、平谷区、密云区和延庆区），与平原地区相似，产值占比最高的也均为工业，与生态涵养区的定位不相符。

三、在区域功能等级层面，制造业尤其是高技术制造业与周边省市关联较弱

北京市产业功能等级的优化评价主要通过与全国其他省市的企业关联网络进

行分析。目前，企业总部——分支法是主流的关联网络分析方法，以流通空间
（Space of Flows）理论为基础，通过企业之间的控股关系，识别产业之间的关联
情况和城市关联网络等级。从城市经济发展的演变历程来看，不同经济社会发展
阶段城市关联网络有不同的重心。工业化时期关注规模化生产，以公司总部、国
际金融和商务产业、全球性的交通和通信枢纽集聚等为代表的全行业资本支配能
力是衡量城市关联网络的重要因素；后工业化时期，在生产全球扩散的背景下，
管理和控制环节的作用凸显，以金融与高端生产性服务业为代表的资本服务能力
成为衡量城市关联网络的核心因素；到了信息时代，以信息化和人工智能为代表
的新制造和以电子商务、平台经济等为代表的新服务成为影响城市产业发展的根
本因素。因此，本部分将从全行业、制造业、服务业、生产性服务业、高精尖产
业等不同层面，逐步深入剖析北京与全国其他省市的产业关联格局及市内各区之
间的产业关联格局。

利用全国企业股东关系时间截面大数据①，表征截止到 2019 年 10 月底全国
企业相互之间控股关系情况，并计算关联度。关联网络根据企业所在地理位置可
以分为外向关联和内向关联，各省市的总关联是外向关联与内向关联的总和。为
了便于比较分析，各省市的相对关联值以研究范围内的最大关联值 100 进行标准
化处理，具体方法为：如果注册在省份 A 的企业在省份 B 中作为 X 个企业的股
东，注册在省份 B 的企业在省份 A 中作为 Y 个企业的股东，则省份 A 与省份 B
之间的网络关联值为 Vab = X + Y。对省市网络关联值进行标准化处理，得到网络
关联度为 Nab = Vab/Nmax × 100，其中，Nmax 表示所有省市之间的最大网络关
联值。

就全产业而言，计算结果表明，北京全产业关联度居全国首位，上海、广
东、浙江、江苏是另外四个关联网络极点。其中，北京与广东的关联度最高，得
分高达 90.5（上海和浙江的关联度为 100.0），远高于位列第二、第三的北京—
上海、北京—浙江。北京与天津的关联度为 46.1，位列全国第六；与河北的关联
度为 45.0（见表 5 - 2），位列全国第七。因此，北京与珠三角、长三角的关联度
高于周边的津冀地区。在市内各区中，朝阳区和海淀区关联度最高，得分高达
100.0，远高于其他区的关联度，呈现出双核强集聚特征。

---

① 该数据源自全国企业信用信息公示系统，主要包括股东企业信息和被持股企业信息。

表5－2　北京市与各省份企业网络关联度 Top10（全产业）

省份1	省份2	关联度	关联度标准化
北京	广东	42771	90.5
北京	上海	32959	69.7
北京	浙江	31870	67.4
北京	江苏	24042	50.9
北京	山东	22782	48.2
北京	天津	21799	46.1
北京	河北	21282	45.0
北京	四川	11164	23.6
北京	河南	10558	22.3
北京	辽宁	10553	22.3

就制造业而言，计算结果显示，江苏总关联度居全国之首，随后是广东、浙江、上海。北京制造业总关联度位居全国第八。其中，北京与河北的关联度最高，得分为32.6，北京—山东、北京—江苏位列第二、第三。北京与天津的关联度为10.0（见表5－3），排在第五位。因此，北京与同处京津冀区域的河北制造业关联度最密切，与环渤海区域的山东关联度次之，同时与长三角的江苏、珠三角的广东关联度也高于同处京津冀区域的天津，说明北京制造业辐射的范围涉及国内三大城市群，资本配置影响力较为广泛。但是，对比上海和江苏的关联度值100.0以及珠三角、长三角密切的制造业企业关联网，北京与外省市的制造业关联明显较弱，在本市域制造业占比不断下降的情况下，需要加强与其他省份，尤其是周边京津冀城市的制造业关联度，以更好地支撑本市第三产业的深度转型升级。在市内各区中，朝阳区和大兴区、通州区关联度最高，得分均为100.0，说明朝阳区与周边的大兴区、通州区在制造业方面已实现了高度一体化。朝阳区与东城区、顺义区、西城区、海淀区以及海淀区与昌平区在制造业方面的关联度位居第二梯队。大兴区与西城区、丰台区的制造业关联度位居第三梯队。海淀区与西城区的制造业关联度位列第四梯队。总体而言，朝阳区与核心区、副中心及制造业发达的大兴区、顺义区、海淀区关联度高，在与市内各区的制造业网络关联方面具有绝对优势，是全市制造业企业网络中第一大功能节点。

表 5 – 3　北京市与其他省份制造业网络关联度 Top 10

省份 1	省份 2	关联度	关联度标准化
北京	河北	606	32.6
北京	山东	349	18.8
北京	江苏	337	18.1
北京	广东	255	13.7
北京	天津	186	10.0
北京	河南	182	9.8
北京	上海	145	7.8
北京	浙江	144	7.8
北京	湖北	139	7.5
北京	四川	130	7.0

就高技术制造业而言，广东总关联度居全国首位，北京位列全国第十六。总体而言，北京与全国其他省市高技术制造业的关联度普遍较低，与四川的关联度最高，得分也仅为 11.1（见表 5 – 4），远远低于广东和福建的关联度（得分100.0）。在市内层面，高技术制造业的控股关系仅有 3 条，难以形成关联网络。

表 5 – 4　北京市与其他省份网络关联度 Top 10（高技术制造业）

省份 1	省份 2	关联度	关联度标准化
北京	四川	3	11.1
北京	山西	1	3.7
北京	广东	1	3.7
北京	河北	1	3.7
北京	福建	1	3.7
北京	陕西	1	3.7

就服务业而言，计算结果显示，北京具有绝对优势，总关联度居全国首位。其中，北京与上海的关联度最高，得分为 99.74（上海和江苏的关联度为100.0），与广东的关联度位列第二，远高于与其他省市的关联。因此，在全国范

围内,北京与长三角的上海、珠三角的广东服务业网络关联度较高。与长三角的浙江、江苏的服务业关联度位于第二梯队。与天津的关联度为45.66,位列全国第六;与河北的关联度为44.37(见表5-5),位列全国第七。由此可见,服务业也并非由于服务产品的无形性、非储存性、非移动性所限,导致辐射半径更小。与制造业相比,北京服务业明显辐射半径更大,与长三角、珠三角这两个全国高度发达的城市群区域关联度更高。在全市各区中,海淀区与朝阳区服务业关联度最高,得分为100.0,远高于其他各区之间的服务业关联度。在排名靠前的关联度区县对中,前八位中海淀区均有上榜,在服务业的市内网络关联方面具有绝对优势,是全市服务业关联网络的第一大功能节点。

表5-5　北京市与其他省份网络关联度 Top 10（服务业）

省份1	省份2	关联度	关联度标准化
北京	上海	8784	99.74
北京	广东	8086	91.81
北京	浙江	6294	71.47
北京	江苏	6219	70.61
北京	山东	5391	61.21
北京	天津	4021	45.66
北京	河北	3908	44.37
北京	四川	2987	33.92
北京	河南	2610	29.64
北京	湖北	2215	25.15

就生产性服务业而言,计算结果显示,北京总关联度位列全国第一,是第二位广东的2倍有余,优势更加突出。其中,北京与广东的关联度最高,得分为100.0,北京与天津、北京与山东的关联度位列第二、第三。北京与同处京津冀区域的河北的关联度为47.61(见表5-6),位列全国第六。在全市各区中,海淀区与朝阳区的生产性服务业关联度最高,得分为100.0,呈现双核强集聚格局。其他各区之间的生产性服务业关联值远远落后,需要加强生产性服务业的发展与联动。

表 5-6 北京市与其他省份网络关联度 Top 10（生产性服务业）

省份1	省份2	关联度	关联度标准化
北京	广东	3476	100.00
北京	天津	2410	69.33
北京	山东	2160	62.14
北京	浙江	2075	59.70
北京	江苏	1714	49.31
北京	河北	1655	47.61
北京	四川	1352	38.90
北京	上海	1262	36.31
北京	新疆	1185	34.09
北京	福建	1085	31.21

就十大高精尖产业而言，北京总关联度位列全国第一。其中，北京与广东的关联度最高，关联度得分为 99.20（上海—江苏的关联度为 100.0）。北京与江苏、北京与山东的关联度位列第二梯队。北京与上海、天津、河北的十大高精尖产业的网络关联度位列第二梯队，京津冀区域在十大高精尖产业方面的联动发展基础较好，但仍有较大潜力。其中，北京与天津的关联度为 51.97（见表 5-7），位列全国第五；北京与河北的关联度为 50.56，位列全国第六。在全市各区中，海淀区与朝阳区关联度最高，得分为 100.0。其他各区之间的生产性服务业关联值远远落后，需要加强关联互动。在排名靠前的关联度区县梯队中，前八名中海淀区均有上榜，具有绝对优势，是市域内服务业关联网络的第一大功能节点。

表 5-7 北京市与其他省份网络关联度 Top 10（十大高精尖）

省份1	省份2	关联度	关联度标准化
北京	广东	4988	99.20
北京	江苏	3234	64.32
北京	山东	3159	62.83
北京	上海	2879	57.26
北京	天津	2613	51.97
北京	河北	2542	50.56
北京	浙江	2225	44.25
北京	四川	1843	36.65

续表

省份1	省份2	关联度	关联度标准化
北京	湖北	1435	28.54
北京	河南	1372	27.29

第三节　北京产业创新发展存在的问题

创新是引领经济高质量发展的第一动力，是动能转换的核心和引擎。在全球主要经济体复苏态势不明的环境下，产业高质量发展很重要的一个途径就是要通过技术的创新，实现新产业、新业态、新商业模式的快速发展。北京是京津冀区域的创新"领头羊"，但与长三角区域的核心城市上海、珠三角区域的核心城市深圳相比，仍有一定差距。

一、尚未建立以企业为主体的研发投入体系

从创新投入来看，与上海、深圳相比，北京市研究与试验发展经费政府资金投入明显较高，但以企业为主体的 R&D 经费投入较低（见图 5-1 和图 5-2）。

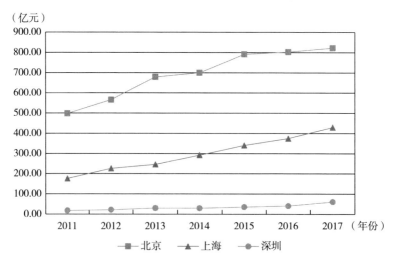

图 5-1　2011~2017 年北京、上海、深圳三市研究与试验发展经费投入（政府资金）

资料来源：根据北京、上海、深圳三市历年统计年鉴整理计算。

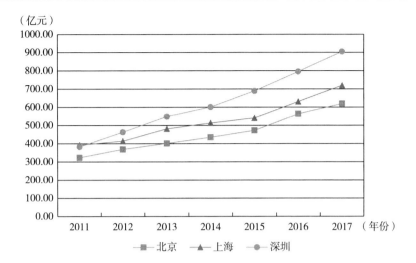

图5-2 2011~2017年北京、上海、深圳三市研究与试验发展经费投入（企业资金）

资料来源：根据北京、上海、深圳三市历年统计年鉴整理计算。

二、专利申请量授权量领先上海优势收缩

从技术创新成果来看，自2011年以来，技术合同成交额逐年上升，且与上海的优势差距不断扩大，北京在利用基础研究转化技术方面处于领先地位。在专利申请量、授权量方面，北京均高于深圳与上海，但领先上海的优势收缩（见图5-3至图5-5）。

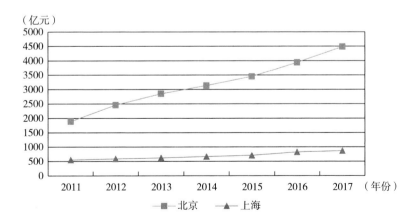

图5-3 2011~2017年北京与上海技术合同成交额情况

资料来源：根据北京、上海两市历年统计年鉴整理计算。

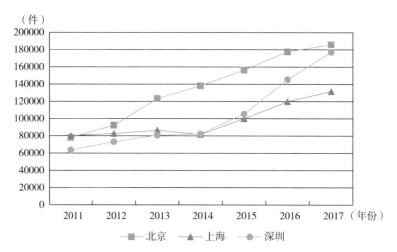

图 5 – 4　2011 ~ 2017 年北京、上海、深圳三市专利申请量

资料来源：根据北京、上海、深圳三市历年统计年鉴整理计算。

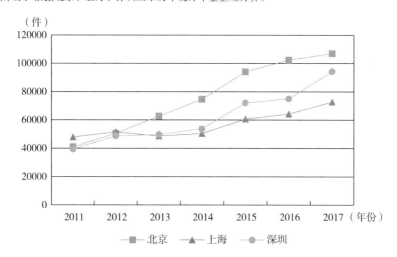

图 5 – 5　2011 ~ 2017 年北京、上海、深圳三市专利授权量

资料来源：根据北京、上海、深圳三市历年统计年鉴整理计算。

三、高技术制造业相较上海规模明显更低

从创新性产业发展情况来看，高技术产业（制造业）① 的发展状况可以在一

---

① 国家统计局发布的《高技术产业（制造业）分类（2017）》规定，高技术产业（制造业）是指国民经济行业中 R&D 投入强度相对高的制造业行业，包括医药制造业，航空、航天器及设备制造业，电子及通信设备制造业，计算机及办公设备制造业，医疗仪器设备及仪器仪表制造业，信息化学品制造业六大类。

定程度上衡量科技创新对制造业的支撑力度和成效。自 2011 年以来，北京市高技术制造业生产总值整体呈现波动增长趋势，但增速较缓，相较于上海总产值规模明显较低。从高技术制造业占工业总产值的比重来看，北京与上海的差距不大，高技术制造业对工业的整体贡献率皆较高，但从高技术制造业占地区总产值的比重来看，北京约为上海的 1/2，这与北京高服务业、低制造业的产业结构特征相符。从高技术产业（服务业）① 的发展来看，北京市高技术服务业发展迅速，总产值在全国排名靠前，尤其是信息传输、软件和信息技术服务业发展迅猛，行业产值居全国首位。

就十大高精尖产业的发展而言，企业登记注册的大数据分析表明②，北京市十大高精尖登记注册企业总量稳步提升，截至 2019 年 9 月，已达 7.7 万家，而且自 2019 年以来在全市企业总数的占比提升幅度较大，目前已占全市企业总数的 46.04%，表明北京企业的高端性和创新性不断提升（见图 5 - 6）。

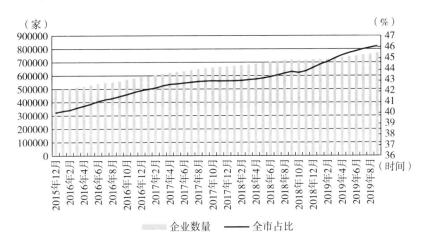

图 5 - 6　北京市十大高精尖企业数量及全市占比变化趋势

资料来源：根据 2019 年 9 月全国企业工商登记注册数据库整理测算。

---

① 国家统计局发布的《高技术产业（服务业）分类（2018）》规定，高技术服务业是指采用高技术手段为社会提供服务活动的集合，包括信息服务、电子商务服务、检验检测服务、专业技术服务业的高技术服务、研发与设计服务、科技成果转化服务、知识产权及相关法律服务、环境监测及治理服务和其他高技术服务九大类。

② 企业登记注册数据来源于全国企业工商登记注册数据库，截至 2019 年 9 月，共覆盖企业总量超过 5600 万家。由国家信息中心对数据库进行处理：一是将企业注册地与行政区划代码匹配，筛选出注册在不同城市的企业；二是以十大高精尖产业为相关关键词，匹配企业经营范围，筛选出注册在北京的高精尖企业。

第四节　北京市产业协调发展存在的问题

协调是经济高质量发展的内生特点，既包括不同产业之间的协调融合，也包括不同规模企业的协调、城乡之间经济发展的协调，还包括北京与周边区域的协同。

一、服务业与制造业之间的协调度较低

产业协调主要体现在产业之间的关联带动和协调促进，其中，两个或两个以上产业在运行过程中，由于要素、运行机制等关键因素之间的关联性和相互作用，导致产业间出现彼此联系、相互影响的现象，最终实现产业间各要素的紧密互补配合、相互共享依赖的局面称为"耦合"[①]；不同产业或同一产业内的不同行业相互渗透并交叉融为一体，形成新产业的动态发展过程称之为"耦合协调"[②]。因此，耦合度指标反映了产业间相互作用的强弱，耦合协调度指标则进一步反映产业间交互耦合的协调程度。综合两大指标，建立信息熵评价模型，以评价产业间的协调发展程度。

（一）构建有序功效模型

设U_1和U_2为产业 A 和产业 B 这两个耦合系统子系统的综合序参量，是第 i 个序参量的第 j 个变量值，产业 A 和产业 B 的有序功效模型分别为：

$$U_{ij} = \frac{x_{ij} - \min_{ij}}{\max_{ij} - \min_{ij}}（U_{ij}为正指标）$$

$$U_{ij} = \frac{\max_{ij} - x_{ij}}{\max_{ij} - \min_{ij}}（U_{ij}为负指标）$$

---

① 耦合性也叫块间联系，最初源于计算机领域，是对软件系统结构中各模块间相互联系紧密程度的一种度量，是指复杂系统通过各子系统或系统内部要素之间的相互作用与影响，促进复合系统由无序走向有序的过程。模块之间联系越紧密，其耦合性就越强；模块之间越独立，则耦合性就越差。因此，耦合度可以度量两个及两个以上系统或系统内部要素之间相互依赖、彼此影响的程度。近年来，耦合性的概念被应用于城市规划、产业组织等领域，用于分析城市功能区之间、产业之间相互联系的紧密程度。

② 耦合协调理论最初应用于激光物理学领域，发展应用于动力系统领域，此后扩展至社会学科，特别是城市经济学领域。协调指相互配合、步调一致、良性循环的互动关系。因此，耦合协调度可测度同步发展的和谐程度、探究复合系统由无序走向有序的趋势。

其中，U_{ij} 表示序参量 x_{ij} 对耦合系统的功效贡献程度，取值范围为 $[0, 1]$。

（二）测算贡献值

各子系统对耦合系统的功效贡献程度为：

$$U_i = \sum_{j=1}^{n} \lambda_{ij} U_{ij}$$

$$\sum_{j=1}^{n} \lambda_{ij} = 1$$

其中，U_i 表示各个子系统对耦合系统的贡献值，λ_{ij} 表示各个序参量所占权重，指标权重通过熵值法确定[①]。

（三）构建耦合度模型和耦合协调度模型

$$C = 2\sqrt{\frac{U_1 U_2}{(U_1 + U_2)^2}}$$

其中，C 表示耦合度且取值范围为 $[0, 1]$，值越大，表示两个子系统的耦合度越高，耦合度评价标准如表 5-8 所示。

鉴于耦合度模型在两个子系统交错互动时很难反映出两者的整体协同效应，并且可能出现伪协调的评价结果。为此，需要进一步构建耦合协调度模型，这不仅能够测算出产业 A 和产业 B 的交互耦合程度，还能反映出两个子系统各自的实际发展水平和其对耦合系统有序度的贡献程度。耦合协调度模型为：

$$D = \sqrt{C \times T}, \quad T = \alpha U_1 + \beta U_2$$

其中，T 表示综合协调指数，反映产业 A 和产业 B 两者之间整体协同效应或贡献的综合评价指数，α、β 表示产业 A 和产业 B 的重要程度，根据实际情况，本部分取值为 $\alpha = \beta = 0.5$。D 表示耦合协调度，取值范围为 $[0, 1]$，评价标准如表 5-8 所示。

---

① 利用熵值法确定权重的步骤如下：第一，数据标准化处理，$X'_{ij} = \dfrac{X_{ij} - \min X_j}{\max X_j - \min X_j}$；第二，计算指标值权重 $Y_{ij} = \dfrac{X_{ij}}{\sum X_{ij}}$；第三，计算指标信息熵 $e_{ij} = -k \sum (Y_{ij} \times \ln Y_{ij})$；第四，计算信息熵冗余度 $d_j = 1 - e_j$；第五，计算指标权重 $W_i = \dfrac{d_j}{\sum d_j}$。其中，$i$ 表示产业，j 表示指标。

表5-8 耦合度和耦合协调度评价标准

耦合度	耦合等级	耦合协调度	协调等级	耦合协调度	协调等级
0	无关	0.00~0.09	极度失调	0.50~0.59	勉强协调
(0, 0.3]	低度耦合	0.10~0.19	严重失调	0.60~0.69	初级协调
(0.3, 0.7]	中度耦合	0.20~0.29	中度失调	0.70~0.79	中级协调
(0.7, 1)	高水平耦合	0.30~0.39	轻度失调	0.80~0.89	良好协调
1	完全耦合	0.40~0.49	濒临失调	0.90~1.00	优质协调

在遵循科学性、可行性、代表性、综合性等原则的基础上，依据产业融合的机理，从产业发展规模、产业成长实力、生产效率和效益三个方面建立了产业A和产业B融合发展的指标体系（见表5-9）。

表5-9 产业融合发展评价指标体系

产业A		产业B	
一级指标	二级指标	一级指标	二级指标
产业发展规模	产值 X1	产业发展规模	产值 Y1
	法人单位数 X2		法人单位数 Y2
产业成长实力	产值增长率 X3	产业成长实力	产值增长率 Y3
	利润增长率 X4		利润增长率 Y4
	新增固定资产投资 X5		新增固定资产投资 Y5
生产效率和效益	利润率 X6	生产效率和效益	利润率 Y6
	税金创造额 X7		税金创造额 Y7

就制造业与服务业的协调来看，根据上述模型和指标体系，计算得出2017年两产业之间的耦合度 $C \approx 0.871$，耦合协调度 $D \approx 0.665$，即制造业和服务业之间处于高水平耦合和初级协调状态，行业间的协调度亟待提高（见表5-10）。

表5-10 制造业与服务业指标权重

产业	X1	X2	X3	X4	X5	X6	X7
制造业	0.018	0.011	0.055	0.073	0.012	0.069	0.021
服务业	0.127	0.134	0.089	0.073	0.133	0.076	0.123

进一步分析高技术制造业①与现代服务业②之间的协调程度，根据上述模型和指标体系，计算得出 2017 年高技术制造业和现代服务业之间的耦合度 $C \approx 0.998$，耦合协调度 $D \approx 0.706$，即高技术制造业和现代服务业之间处于高水平耦合、中级协调状态。制造业与服务业中更为高端的两种产业耦合作用明显，处于较好的协调状态（见表 5 - 11 和表 5 - 12）。

表 5 - 11　高技术制造业指标权重

产业	X1	X2	X3	X4	X5	X6	X7
医药制造业	0.132	0.258	0.328	0.011	0.358	0.329	0.350
航空、航天器及设备制造业	0.000	0.000	0.031	0.000	0.000	0.010	0.000
计算机、通信和其他电子设备制造业	0.342	0.357	0.000	0.328	0.279	0.000	0.190

表 5 - 12　现代服务业指标权重

产业	X1	X2	X3	X4	X5	X6	X7
信息传输、软件和信息技术服务业	0.082	0.067	0.124	0.026	0.031	0.085	0.121
金融业	0.125	0.028	0.043	0.011	0.000	0.124	0.101
房地产业	0.039	0.086	0.003	0.030	0.127	0.055	0.128
商务服务业	0.044	0.126	0.000	0.008	1.073	0.029	0.059
科学研究和技术服务业	0.071	0.065	0.107	0.028	0.000	0.029	0.022
环境管理业	0.000	0.000	0.063	0.003	0.042	0.026	0.001
教育	0.027	0.019	0.106	0.022	0.009	0.025	0.003
卫生	0.011	0.003	0.047	0.000	0.005	0.000	0.000
文化、体育和娱乐业	0.008	0.015	0.005	0.127	0.001	0.035	0.003

为衡量科技与文化、金融的协调程度，分别计算科学研究和技术服务业与文化产业、金融业的耦合度和耦合协调度。根据模型，解得 2017 年科学研究和技术服务业与文化产业之间的耦合度 $C \approx 0.983$，耦合协调度 $D \approx 0.710$，即科学研究和技术服务业与文化产业之间处于高水平耦合和中级协调状态。2017 年科学

① 选取医药制造业，航空、航天器及设备制造业，计算机、通信和其他电子设备制造业共 3 个行业。
② 选取信息传输、软件和信息技术服务业，金融业，房地产业，商务服务业，科学研究和技术服务业，环境管理业，教育，卫生，文化、体育和娱乐业共 9 个行业。

研究和技术服务业与金融业之间的耦合度 C≈0.999，耦合协调度 D≈0.715，即科学研究和技术服务业与金融业之间处于高水平耦合且近乎完全耦合及中级协调状态。科学研究和技术服务业与金融业是现代服务业的重要支柱，也是北京市排名前列的优势行业，两者关联性强，产值效率高，具有很高的耦合度（见表5－13 和表5－14）。

表5－13　科学研究和技术服务业与文化产业指标权重

产业	X1	X2	X3	X4	X5	X6	X7
科学研究和技术服务业	0.123	0.106	0.103	0.020	0.064	0.064	0.126
文化产业	0.023	0.039	0.042	0.131	0.081	0.082	0.020

表5－14　科学研究和技术服务业与金融业指标权重

产业	X1	X2	X3	X4	X5	X6	X7
科学研究和技术服务业	0.054	0.095	0.089	0.130	0.081	0.026	0.027
金融业	0.091	0.050	0.055	0.019	0.064	0.121	0.120

二、微型企业的盈利状况最差但人均创造税金最高

在一定区域内，中小企业的健康发展有利于保持企业群体和谐发展的产业生态。这是因为在产业链中，大、中、小、微等不同规模层次的企业群体都有其自身相对应的生存位置和环境要求，各自保持合理的数量结构、发展速度和发展水平，有利于推动整个产业生态系统的优化升级。其正态分布一般呈"金字塔"型结构，即从小微企业到中型企业再到大型企业，企业群体数量呈现递减的趋势，其中任何一个类型的企业群体繁衍过多或者过少，都将影响区域经济生态系统的和谐与平衡。从数量上看，2017 年，北京市小微企业数量约占企业总体数量的72.32%，而中型企业和大型企业约各占23.33% 和4.35%，符合企业规模的"金字塔"分布规律。但从利润率和人均利润水平上看，规模越小盈利能力越差，人均创造税金越高，因此，提升企业规模有利于提高利润率、人均利润水平和税收贡献（见图5－7 至图5－9）。需要注意的是，微型企业在所有企业中利润率、人均利润水平最低，但人均创造税金最高。小微企业往往是高新技术领域中的创新之源，能带来技术更新，进而催生新的产品和商业模式。因此，在继

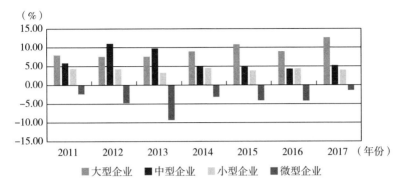

图5-7 2011~2017年北京市不同规模企业利润率

资料来源：根据历年《北京市统计年鉴》整理计算。

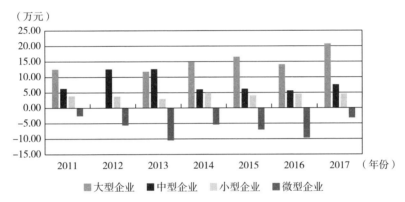

图5-8 2011~2017年北京市不同规模企业人均利润

资料来源：根据历年《北京市统计年鉴》整理计算。

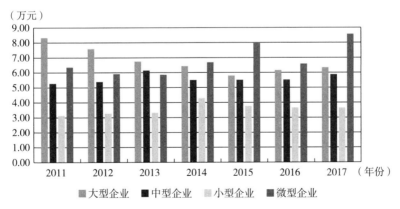

图5-9 2011~2017年北京市不同规模企业人均创造税金

资料来源：根据历年《北京市统计年鉴》整理计算。

续保持大型企业高竞争力的基础上，加强对微型企业的扶持力度，降低税收，有利于培育更好的产业生态，孵化更多税源。

三、城乡企业效益差距有逐年扩大趋势

相较于全市平均水平，北京市乡镇企业的利润率、人均利润水平和人均创造税金水平都较低，表明城乡产业发展效益差距较大，且效益指标差距有逐年扩大趋势，需要引起关注（见图 5 - 10 至图 5 - 12）。

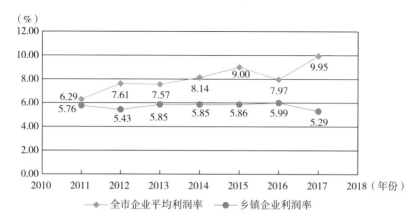

图 5 - 10　2011 ~ 2017 年北京市乡镇企业利润率与全市对比

资料来源：根据历年《北京市统计年鉴》整理计算。

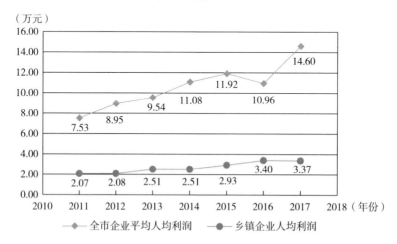

图 5 - 11　2011 ~ 2017 年北京市乡镇企业人均利润与全市对比

资料来源：根据历年《北京市统计年鉴》整理计算。

图 5 – 12　2011～2017 年北京市乡镇企业人均创造税金与全市对比

资料来源：根据历年《北京市统计年鉴》整理计算。

四、在区域层面，北京重点高精尖产业亟待与周边加强分工协同

在当前全球供应链重塑、大国竞争加剧的新形势下，构建区域安全自主可控产业链必要而迫切。本部分选取新一代信息技术、医药健康、智能装备涉及国家安全和核心竞争力的三大重点高精尖产业[①]，利用人民大数据平台 2018 年增值税发票大数据，瞄准营收占比前三位的细分产业，有针对性地绘制北京重点高精尖产业在京津冀区域的上下游图谱，通过全样本企业的真实经营交易数据，深入剖析产业链协同情况，以梳理诊断既有产业链的基础与系统性，弄清需要强链补链延链的环节，尤其是影响产业链系统性功能的关键环节、卡脖子环节。

（一）新一代信息技术营收分布高度集中，主要细分产业以本地配套为主

新一代信息技术通过数字化、网络化、智能化赋能高质量发展，对提高制造业价值链地位、抢占新一轮经济和科技发展制高点意义重大。2018 年，在北京新一代信息技术营收中，移动通信网络运营服务业、网络信息安全软件业合计占比超过九成，其中前者在京津冀上下游配套均不到 1/2，与移动电信业联系最为

---

① 本部分高精尖产业是指《北京市十大高精尖产业登记指导目录（2018 年版）》划定的产业分类。其中，新一代信息技术包括目录中新一代信息技术 21 个行业小类与集成电路 6 个行业小类，共计 27 个行业小类；医药健康包括 16 个行业小类；智能装备包括 80 个行业小类。

密切；后者京津冀上游配套超过 1/2，下游超过 1/3，两产业均以北京本地配套为主，与津冀联系明显薄弱。

移动通信核心元器件、集成电路芯片设计属于新一代信息技术发展的关键环节，但因缺少企业或企业成立时间尚短，暂无行业营收数据，需加快补链。集成电路制造与封装、集成电路设备等已有一定发展基础的环节需加快强链。目前全球半导体①正在经历向中国的第三次产业转移②，以华为为首的龙头产业正在开启新一轮国产供应链重塑，国产替代空间巨大。国内多地大力投资与发展集成电路产业，江浙沪皖 3 省 1 市构成的长三角区域已发展成为中国集成电路产业链最完善、产业集中度最高、综合技术能力最强的区域，2017 年产业销售规模占全国半壁江山。京津冀在新一轮关键产业竞争中，不进则退、慢进亦退。

（二）医药健康产业已形成一定区域分工，但关键环节需加快补链强链

2018 年，在北京市生物医药产业营收中，先进医疗设备及器械制造、监护及治疗设备制造、生物制品制造、智能化中药与民族药制造四大细分行业合计占比超过 94%。其中，医疗诊断、监护及治疗设备已与天津形成一定分工，上游研发和科技推广应用服务以北京为主，天津则主要提供生产医疗器械的专用设备。生物药品制造与津冀联系较少，上游研发服务大部分集中在北京。中成药生产除上游原料药几乎全由河北批发外，其他主要在北京本地配套完成。在补链强链方面，基因工程药物和疫苗制造细分行业因缺少企业，或企业成立时间尚短，暂无行业营收数据，需要加快补链强链。

（三）智能装备产业营收高度集中，核心元器件、机器人细分行业需加快补链强链

2018 年，在北京市智能装备产业营收中，工程机械、高端金属制品两大细分行业合计占比超过 80%，其他细分行业营业收入占比则相对较低。从产业链分工中，工程机械至少有 2/3 产业链布局在京津冀区域外，核心元器件下游产业链大部分布局在区域外，液压动力机械元件制造、气压动力机械及元件制造等核心元器件，工业机器人制造、特殊作业机器人制造、服务消费机器人制造等机器

---

① 半导体是一种电子材料，包括集成电路、敏感器件、光电子器件与分立元件，其中集成电路占比超过 80%，因此习惯性将半导体产业称为集成电路产业。芯片是集成电路的载体。半导体产业主要分为上、中、下游三个环节，其中，上游为 IC 设计，中游为晶圆制造及加工，下游为封测。

② 从半导体产业发展历程看，前两次行业转移发生在 20 世纪 80 年代和 90 年代末，分别是从美国本土到日本和美日向韩国、中国台湾省的转移。

人细分行业因缺少企业，或企业成立时间尚短，暂无行业营收数据，需要进一步补链强链。

第五节　北京市产业绿色发展存在的问题

绿色发展是北京产业高质量发展的刚性约束。在既定的资源环境禀赋下，北京能够承载的人口规模和开发容量是有上线和边界的。因此，产业高质量发展必须把资源利用和环境代价考虑在内，为周边区域产业的绿色发展当好表率。

一、万元地区生产总值能耗下降率有明显下滑趋势

就能源消耗量而言，北京市能源消费总量较为稳定，且低于上海、天津。自2011 年以来，北京市万元地区生产总值能耗逐年下降，表明能源利用效率逐年提升（见图 5 - 13 至图 5 - 15）。但自 2015 年以来，北京市万元地区生产总值能耗下降率有明显下滑趋势，需通过创新能源节约技术、促进产业结构优化提升等多种方式，持续降低万元地区生产总值能耗。

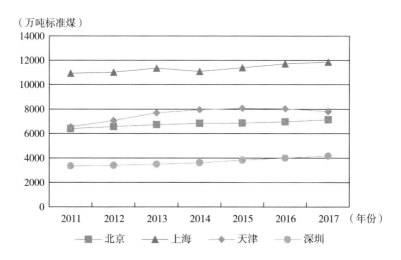

图 5 - 13　自 2011 年以来北京、上海、天津、深圳能源消费总量

资料来源：根据历年北京、上海、天津、深圳统计年鉴整理计算。

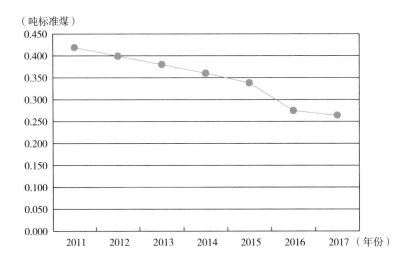

（吨标准煤）

图 5 - 14   自 2011 年以来北京市万元地区生产总值能耗

资料来源：根据历年《北京市统计年鉴》整理计算。

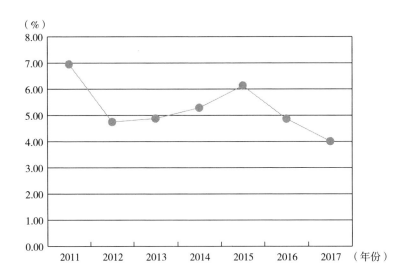

（%）

图 5 - 15   自 2011 年以来北京市万元地区生产总值能耗下降率

资料来源：根据历年《北京市统计年鉴》整理计算。

二、万元地区生产总值水耗下降率在波动中下滑

从取水情况来看，农业取水量和工业取水量整体下降，总体取水量增加主要

在于生态环境取水量逐年增加，表明对生态环境保护更加重视。自 2011 年以来，万元地区生产总值水耗持续下降，但总体而言降速下滑（见图 5 - 16 至图 5 - 18）。北京水资源紧缺，城市总体规划明确提出要按照以水定人要求，严格控制城市人口规模，严格执行水资源管理制度，强化节水和水资源保护，确保首都水安全。随着地区生产总值的扩大，要加强水资源节约集约利用技术研发与应用，以保障产业用水的安全供应。

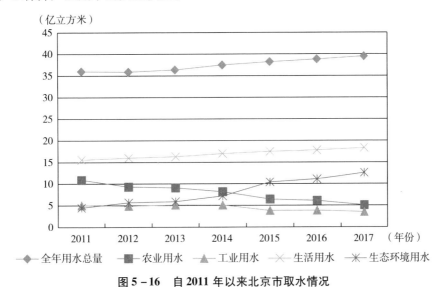

图 5 - 16　自 2011 年以来北京市取水情况

资料来源：根据历年《北京市统计年鉴》整理计算。

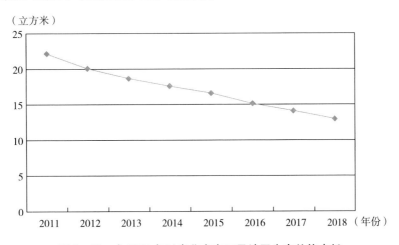

图 5 - 17　自 2011 年以来北京市万元地区生产总值水耗

资料来源：根据历年《北京市统计年鉴》整理计算。

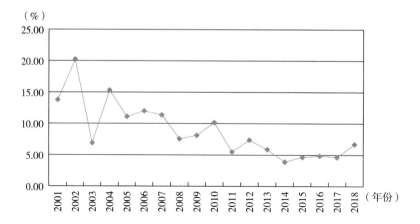

图 5 - 18 自 2011 年以来北京市万元地区生产总值水耗下降率

资料来源：根据历年《北京市统计年鉴》整理计算。

第六节 北京市产业开放发展存在的问题

扩大开放是北京提升国际竞争力和影响力的必由之路。作为中国最具世界影响力的城市，北京经济要实现产业高质量发展，除了要练好"内功"，也要主动服务国家全方位对外开放战略，在全球范围内进行资本、人才、服务等资源配置，不断改善营商环境，吸引更多的国际高端要素在北京加速聚集，带动京津冀区域发展壮大成为世界级城市群。

一、服务贸易进出口规模仍然不高

从利用外资来看，2013～2017 年，北京市实际利用外商直接投资额的增长速度较快，实际利用外商直接投资额在全国的占比逐年提高，并在 2017 年超过上海，表明北京市产业吸引外资能力逐年提高。从服务贸易来看，自 2015 年以来，北京市服务贸易进口额和出口额整体处于在波动中缓慢上升状态，服务贸易竞争力有所提升，但与上海相比，北京市服务贸易进出口规模较低（见图 5 - 19）。

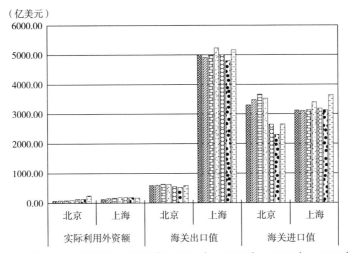

图 5 – 19 2011 ~ 2017 年北京、上海两市对外开放情况

资料来源：根据历年北京、上海统计年鉴整理计算。

二、对外经济合作合同数亟待提高

在对外经济合作合同额方面，与上海、深圳相比，北京市每年与外商签订的合同数较少，合同标的总额低，但平均每项经济合作合同的标的额较高，且逐年增长，表明对外合作项目平均标的较高，具有一定的规模效益。与其他城市相比，对外合作项目平均合同额规模稳步增长，具有明显的稳定性和韧性（见图 5 – 20 至图 5 – 22）。

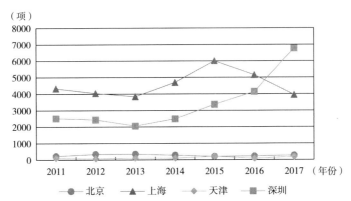

图 5 – 20 自 2011 年以来北京、上海、天津、深圳对外经济合作合同数

资料来源：根据历年北京、上海、天津、深圳统计年鉴整理计算。

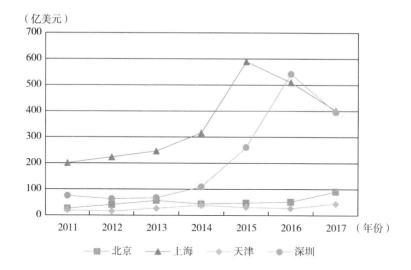

图 5-21 自 2011 年以来北京、上海、天津、深圳对外经济合作合同额

资料来源：根据历年北京、上海、天津、深圳统计年鉴整理计算。

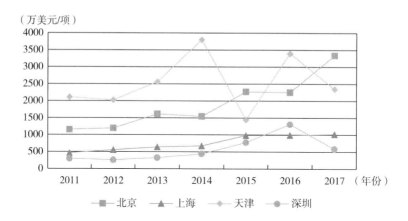

图 5-22 自 2011 年以来北京、上海、天津、深圳对外经济合作平均合同额

资料来源：根据历年北京、上海、天津、深圳统计年鉴整理计算。

三、服务业扩大开放的六大领域各项指标增速放缓

北京市服务业扩大开放的六大领域年收入总额、利润总额、创造税金总额持续增长，但受整体经济缓行的影响，增速波动中有所放缓，部分年份出现负增长，亟须进一步加大改革力度，挖掘增长动力（见图 5-23 至图 5-25）。

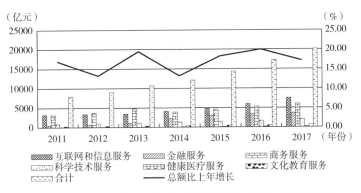

图 5-23　自 2011 年以来北京对外开放服务业收入总额及增速

资料来源：根据历年《北京市统计年鉴》整理计算。

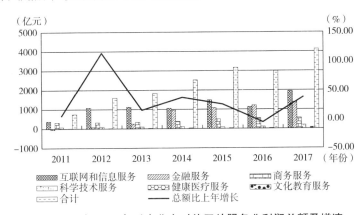

图 5-24　自 2011 年以来北京对外开放服务业利润总额及增速

资料来源：根据历年《北京市统计年鉴》整理计算。

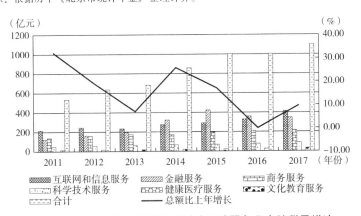

图 5-25　自 2011 年以来北京对外开放服务业应纳税及增速

资料来源：根据历年《北京市统计年鉴》整理计算。

第七节　北京市产业共享发展存在的问题

高质量发展是以人民为中心的发展，因此，提高居民生活质量、实现发展成果的共享，实实在在地增强群众的获得感、幸福感、安全感是产业高质量发展的最终落脚点。

一、城乡消费水平差距扩大

自 1978 年以来，北京市居民家庭平均消费水平整体呈现增长趋势。自 2011 年以来，受全球经济复苏迟滞和整体经济运行放缓影响，居民消费水平的增速下滑，自 2014 年以来在 6.7%～8.2% 的中速增长区间小幅波动。从城乡居民消费水平来看，自 2011 年以来，城镇居民和乡村居民的平均消费水平都在稳定增长，但城乡消费水平差距约从 2 万元扩大到了 3 万元（见图 5 - 26 和图 5 - 27）。

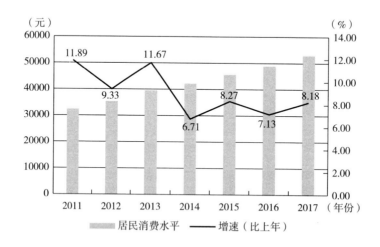

图 5 - 26　自 2011 年以来北京市居民消费水平及增速

资料来源：根据历年《北京市统计年鉴》整理计算。

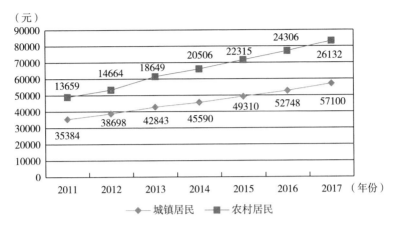

图 5 – 27　自 2011 年以来北京市城镇与农村居民消费水平

资料来源：根据历年《北京市统计年鉴》整理计算。

二、就业岗位数增加基本停滞

从人均工资来看，自 2011 年以来，北京市就业人员平均工资额不断提高，增速自 2016 年后逐年提高。从就业岗位创造来看，自 2015 年以来，北京市年末从业人员数增速快速下滑，2017 年末至 2018 年末从业人员仅增加了 1.1 万人，全市新增就业人员数较往年相比创历史新低，就业岗位增长基本停滞。背后的原因可能部分与非首都功能疏解相关，也与经济放缓比较一致（见图 5 – 28、图 5 – 29）。

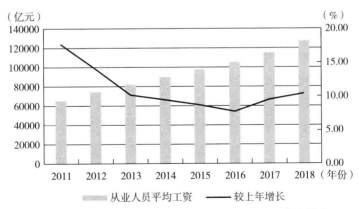

图 5 – 28　自 2011 年以来北京市从业人员平均工资及增速

资料来源：根据历年《北京市统计年鉴》整理计算。

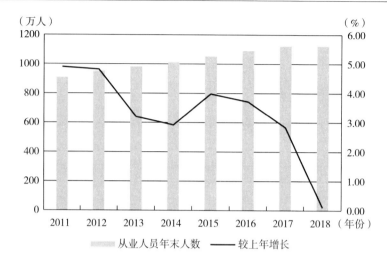

图 5 - 29　2011 ~ 2018 年北京市年末从业人员数及增速

资料来源：根据历年《北京市统计年鉴》整理计算。

第八节　区域协同视角下促进北京产业高质量发展的主要思路

一、加快产业结构优化升级，在京津冀更广泛的区域内加强分工协同

一是以重点推动高技术制造业和生产性服务业发展为抓手，促进产业结构优化升级。针对北京制造业尤其是高技术制造业在全国关联网络中处于较低层级、生产性服务业发展不足带来第三产业劳动生产率下降、制造业与服务业协调度较低等问题，以重点推动高技术制造业与生产性服务业发展为抓手，统筹推进产业结构的优化升级。以新一代信息技术为依托，引导生产领域的"数字化"和"智能化"变革，大力推进工业互联网发展，促进制造业生产方式创新。加大对现代网络通信基础设施建设的投入力度，健全信息化服务体系，推动建设以大型互联网企业为核心的综合性公共服务平台，开展工业云创新服务试点。引导制造业服务化、服务业制造化、服务外包、定制生产等模式驱动的全产业链制造业创

新。以智能制造系统集成和行业综合集成解决方案为重点，推动行业综合解决方案向服务化、平台化与智能化方向转型。以新市场需求为依托，以新一代信息技术在服务领域的创新应用为基础，推动互联网金融、电子商务、知识产权服务、创意设计、网络视听、数字娱乐等引发产业体系变革的新兴服务行业迅速成长，推动服务与技术的深度融合和迭代创新。以培育网络化、智能化、协同化的服务新业态为抓手，鼓励传统服务领域通过产业链整合、供应链集成、价值链提升及生态链维护，衍生叠加出新的服务环节和服务活动。打造服务平台，鼓励有条件、有实力的制造企业与服务企业（机构）突破边界，搭建创业孵化平台和协同创新平台，并与中小企业建立协同创新的产业生态环境。

二是进一步推动产业功能优化。在区域层面，加强制造业与其他省份尤其是周边津冀城市的关联，深入挖掘十大高精尖产业在联动津冀城市中的潜力，推动区域专业分工深化，构建更密集的企业关联网络，更好地发挥北京对周边地区的辐射带动作用，提升在全国制造业尤其是高技术制造业关联网络中的能级。在全市层面，要推动科学研究和技术服务业与文化产业的协调发展，加快文化、体育和娱乐业等与首都核心功能高度契合的产业发展。在区级层面，要深入推动城市副中心、平原地区、生态涵养区如工业等非首都功能的疏解和首都核心功能的强化发展，加大力度推动乡村企业疏解提升，更好地支撑北京城市战略目标的实现。

三是着眼于2035年的长远发展目标和首都圈、京津冀区域的协同发展，以构建安全自主可控产业链为目标，在既有区域产业联系的基础上，对于集成电路、新一代信息技术、医药健康、智能装备等重点产业的关键环节尽快制定补链强链措施，对关键的薄弱性环节，要在区域内采取备链计划、柔性转产、多源供应等措施，确保供应稳定、自主可控。要从保障首都安全运行、畅通区域循环流通的角度，统筹规划区域应急物资的生产、流通、收储、调拨和紧急配送等各环节能力建设。支持在京龙头企业构建基于产业互联网的新型数字供应链网络，搭建面向行业的长链平台、中链平台和短链平台，协同整合全链条资源，打造特色行业的用户中心、订单中心和渠道中心，推动生产与金融、物流、交易市场等渠道打通，促进全渠道、全链路供需精准对接，形成生态配套、场景互通、区域分工、融合发展的新型产业链应用生态。

四是加强新一代基础设施共建共享，夯实产业发展基础。新基建既是产业实现转型升级、高质量发展的基础，也是吸引企业落户、提升区域企业发展活力的重要因素。鉴于新基建投资额度大、周期长等特性，同时北京与周边地区存在明显"数字鸿沟"的客观差距，建议在区域内探索试点数字园区共建模式，在有限空间范围内率先形成"泛在连接、协同高效、全域感知、智能融合、安全可信"的产业基础设施体系，以点带面推动传统基础设施数字化、智能化升级。

五是充分发挥主导产业引擎作用，聚焦新一代信息技术、集成电路、医药健康、智能装备等重点领域，加快上下游零配件和中试平台、关键工艺平台等产业链环节在首都圈、京津冀进行更大范围的合理布局、环节配套和资源配置。把握新一代信息技术与医药健康深度融合发展趋势，夯实医疗信息化新基础设施，加快互联网医疗引领的行业组织变革，占领生物技术与制药、新型医疗器械前沿技术制高点，以疫情防控和疫苗研发为突破，加快构建全社会智能健康系统，在生物工程、生命科学、脑科学等前沿领域开展前瞻性布局，培育未来产业。

六是加强空间统筹规划，打造梯队合理、联动密切的产业空间格局。在空间统筹布局上，要充分发挥好北京的辐射带动作用、雄安新区的重要一翼作用，依托"三城一区"等重要区域加快高效快捷交通建设，打造一批空间上高度集聚、上下游紧密协同、供应链集约高效、规模达几千亿元到上万亿元的产业链集群。鉴于目前科技服务类环节主要由北京本地配套的产业发展基础、北京与周边津冀区域客观上存在的产业发展差距，直接转移高端产业、转化技术资源难度大，要着力深化"飞地经济"发展模式，加强快速交通连接的紧密性，破解当前发展的制约性因素，才能逐步变革区域产业发展生态、实现创新一体化产业协同化。

二、发挥北京创新对周边的带动作用，增强创新资源的市场化配置

一是打破行政藩篱，建立市场调节与政府引导相结合的跨界协调机制，重组区域创新资源，完善政产学研用一体化协同创新体系。根据区域科技创新方向和需求领域，探索京津冀原始创新—集成创新—创新应用嵌入式区域协同创新共同体。同时，完善科技创新成果转化应用机制，健全科技创新成果转化和交易服务共享平台，构建信息共享、标准统一的技术交易服务体系，促进创新链与产业链有效衔接，提高创新成果转化应用能力。

二是完善创新激励机制。创造良好创新环境，注重发挥京津冀区域行业领军型企业创新作用，进一步激发广大中小型企业科技创新动力，发挥众创空间示范引领作用，形成大中小企业协同创新结构。同时，积极探索京津冀区域科技创新资源共享机制，以开放共享促进区域创新氛围的提升和科技同兴。进一步引导以企业为主体的创新及竞争格局，北京在技术合同成交额方面领跑全国，但是以企业为主体的研发投入规模和增速明显低于上海与深圳。随着第三次全球化浪潮的席卷，以企业尤其是跨国企业作为主体配置全球资源成为必然趋势。为此，北京要加强引导以企业为主体的创新投入格局，完善引导基金管理办法、绩效考核、合作机构遴选等配套制度，鼓励社会资本投向创新领域，加强培育集聚具有全球配置高端资源要素能力的跨国企业。在巩固提高大型企业、跨国企业竞争力的基础上，加强对微型企业的扶持力度，降低税收负担，培育更好的产业发展生态，催生更多的新产品、新业态、新模式。

三是探索人才培养新模式。人才是实现产业创新的根本所在。在人才培养方面，可借鉴深圳松山湖机器人产业基地模式，以创新产业促进创新教育、以创新教育推动创新产业，依托雄安新区、"三城一区"等重要创新地、数字园区等重要区域性共建项目，鼓励支持总部企业、大型企业参与，探索建设一批培养智能制造、大数据、新材料制造等新兴应用型人才的培训基地，深入推动产学研一体化发展，为区域产业链、创新链协同升级提供良好技术人才支持。

三、提升产业绿色发展水平，进一步提升能源和水利用效率

针对万元地区生产总值能耗下降率、万元地区生产总值水耗下降率下滑趋势，要通过创新能源利用的新技术新方法、加强水资源节约集约利用的技术研发与应用、深入推进产业结构的优化升级等多种途径，持续降低万元地区生产总值能耗、水耗，促进全市产业绿色发展。

四、加大改革力度，进一步推动服务业扩大开放

与上海相比，北京市服务贸易进出口规模仍然偏低、上升缓慢。要抓住服务业扩大开放契机，进一步加大改革力度、挖掘增长动力。探索进一步放宽服务业对外投资市场准入，由准入管理职能向促进职能、事后管理职能等转变。进一步完善服务业外商投资的法律法规政策体系，清理整顿各项涉及行业许可的规章和规范性文件，规范审批许可行为，避免出现准入后的"弹簧门"和"玻璃门"问题。以打破垄断为重点，推进服务业市场对内开放，生活性服务业领域对社会资本全面开放市场准入；非基本公共服务领域对社会资本全面放开市场准入，基本公共服务领域以扩大竞争倒逼品质提升；生产性服务业领域如融资租赁、商务咨询、检验检测、信息技术、研发设计、电子商务等全面放开市场准入。

一是提升北京金融业国际化程度。要顺应人民币市场化改革、国际化发展趋势，服务好亚投行、丝路基金等国际性金融机构在京发展，积极争取在京设立国际化货币清算结算中心，积极配合央行做好国家主权数字货币试点，加快建设"全球金融科技中心"。支持辖区内各类金融机构服务央企、市属国企、民营企业"走出去"，强化对京津冀协同的金融支持。全面配合落实"新三板"深化改革，培育国际化的资本市场，为科技社会创新注入资本动能。

二是改革发展科技服务业。在创新源头，要试点推进科技创新投入机制市场化改革，推动科研项目去行政化，培育、引进国际一流的基础研究和应用基础研究人才，激活原始创新和自主创新；以企业为主体打造市场化运作的创新联合体，发挥科创基金的引导作用，优化研发经费来源结构，培育国际一流的创新企业。在技术推广、转移交易和转化应用环节，汇聚培育一批国际一流的技术转移机构，引进培养一批国际化、专业化的懂技术、会经营、熟悉法律财税等复合型技术经理人，营造小试、中试、量产以及基础工业、应用场景，促进创新成果转化应用。在创新生态环境上，围绕金融科技、研发服务、检验检测等领域，集聚和培育一批具有品牌影响力和国际竞争力的专业机构，统筹带动前沿技术研究、技术开发、标准制定等工作。在国际合作上，要进一步鼓励国际人才交流，在全球化遇到阻力、疫情加大保护主义的情况下，可考虑推出面向全球的开放科研基金，以此作为平台和桥梁，吸引国际优秀人才和开创性的原创思维，并采用国际上行之有效的创新管理方法和全球的优秀人才来推动北京创新水平，提升北京科技服务业在全球的竞争力。

三是国际化发展商务服务业。商务服务业是生产性服务业的重要组成部分，是产业高端化、国际化发展的黏合剂、发酵点，是要素市场化配置的基础性工作。要加快培育国际化的法律服务，围绕日益增长的国际事务需要，汇聚国际知名律师事务所，引进培养一批具有国际视野、通晓国际规则、善于处理涉外法律事务的国际法、民法律师。加快培育国际化的会计审计、金融信用评级、知识产权评估服务。围绕日益增长的国际经济活动需要，汇聚培养一批国际通用的特许会计师、国际内部审计师、国际注册税务师等；抓住当前国际金融信用评级处于波动状态的机会，提升、壮大一批国内在京评级机构；支持一批技术、专利、标准、文化著作权等知识产权机构做大做强，完善知识产权价值评估环节，做强战略咨询服务。利用国际相关业务不稳定的窗口期，引进、留住人才，做强咨询行业，支撑产业经济高端化、国际化发展。

四是开放发展服务贸易。要发挥服务业扩大开放综合试点与自由贸易试验区政策叠加优势，全面升级服务业扩大开放。其一是规划建设北京大兴国际机场现代国际消费枢纽。荟萃世界五大洲中高端优质商品、集成展示中国智造消费品、体验中国优质特色服务、引领亚洲中高端消费。其二是优化关键生产资料和高端消费产品流通服务。立足一批"全球购买、全国批发"的大型央企生产资料（能源、矿产、粮食等涉及国家经济安全的战略性物资）总部企业，壮大全国乃至全球在生产生活供应链上的关键地位。

五是加快发展数字贸易。要立足中关村软件园，推动数字证书、电子签名等的国际互认，试点数据跨境流动，建设国际信息产业和数字贸易港，探索建立以软件实名认证、数据产地标签识别为基础的监管体系。立足北京大兴国际机场临空经济区特定区域，在数字经济新业态准入、数字服务、国际资源引进等领域开展试点，探索数据审计等新型业务，为国家数字开放政策提供压力测试区，参与和引领国际数字贸易规则制定。研究境内外数字贸易统计方法和模式，打造统计数据和企业案例相结合的数字贸易统计体系。

五、进一步提升居民消费水平，权衡好就业岗位创造与人口疏解工作

消费水平增速与 GDP 增速具有高度相关性，进一步扩大消费有助于促进 GDP 增长。要高度关注并着力解决好消费水平增速放缓及城乡居民消费水平差距扩大的突出问题，并妥善处理好就业岗位创造和人口疏解之间的关系，实现稳就业的宏观经济管理目标。

执笔人：常艳

参考文献

［1］陈昌兵．新时代我国经济高质量发展动力转换研究［J］．上海经济研究，2018（5）：16－24.

［2］方大春，马为彪．中国省际高质量发展的测度及时空特征［J］．区域经济评论，2019（2）：61－70.

［3］冯俏彬．我国经济高质量发展的五大特征与五大途径［J］．中国党政干部论坛，2018（1）：59－61.

［4］辜胜阻，吴华君，吴沁沁，余贤文．创新驱动与核心技术突破是高质量

发展的基石［J］．中国软科学，2018（10）：9-18.

［5］郭春丽，易信，何明洋．推动高质量发展面临的难题及破解之策［J］．宏观经济管理，2019（1）：7-14.

［6］韩江波．创新驱动经济高质量发展：要素配置机理与战略选择［J］．当代经济管理，2019，41（8）：6-14.

［7］黄汉权．建设支撑高质量发展的现代产业体系［N］．经济日报，2018-05-10（014）．

［8］江小涓．高度联通社会中的资源重组与服务业增长［J］．经济研究，2017，52（3）：4-17.

［9］刘奕，夏杰长．推动中国服务业高质量发展：主要任务与政策建议［J］．国际贸易，2018（8）：53-59.

［10］吕铁，刘丹．制造业高质量发展：差距、问题与举措［J］．学习与探索，2019（1）：111-117.

［11］马璇，郑德高，张振广，章怡．基于新经济企业关联网络的长三角功能空间格局再认识［J］．城市规划学刊，2019（3）：58-65.

［12］师博，任保平．中国省际经济高质量发展的测度与分析［J］．经济问题，2018（4）：1-6.

［13］史丹，赵剑波，邓洲．推动高质量发展的变革机制与政策措施［J］．财经问题研究，2018（9）：19-27.

［14］涂圣伟．我国产业高质量发展面临的突出问题与实现路径［J］．中国发展观察，2018（14）：13-17.

［15］王振．上海制造业如何实现高质量的创新驱动［J］．上海质量，2018（7）：23-25.

［16］夏伦．生产性服务业集聚对制造业生产效率的影响——基于面板门槛模型的分析［J］．西部经济管理论坛，2019（4）：41-49.

［17］张永恒，郝寿义．高质量发展阶段新旧动力转换的产业优化升级路径［J］．改革，2018（11）：30-39.

［18］朱紫雯，徐梦雨．中国经济结构变迁与高质量发展——首届中国发展经济学学者论坛综述［J］．经济研究，2019，54（3）：194-198.

第六章 弥补城市群规模结构短板，构建京津冀世界级城市群骨架空间结构

京津冀城市群无论是空间结构、等级体系还是经济密度、一体化水平等距离"世界级"都存在差距，在对功能和产业分析的基础上，本章重点从城镇规模体系入手分析差距的表现和未来弥补差距的建议。

第一节 现状困惑：支撑世界级城市群建设的基础尚需培育

近年来，我国人口流动出现了一些新景象，2011～2016年曾经人口流入最多的北京、上海、天津在2017年转为负增长，人口更多流向广州、深圳、重庆、成都、长沙、武汉等城市，"抢人"大战出现转折。京津冀地区2017年常住人口共增长42.02万，其中，北京、天津分别减少2.2万人、5.25万人，河北增加49.47万人；如果扣除自然增长，河北人口并未有明显增加（自然增长49.46万人），除了石家庄等少数城市外，邢台、邯郸、张家口、沧州等大多数城市人口净流量都为负，京津冀地区能够支撑世界级城市群建设的城镇体系基础尚未形成。

"冰冻三尺非一日之寒"，这与京津冀城市群发育不够成熟、"中心—边缘"结构过于清晰、发展梯度过大有重要关系（见表6-1）。其中，北京、天津是人口集聚的绝对"中心"，若干年来一直保持了高速集聚，2000～

2010 年和 2010~2015 年北京常住人口年均增速为 3.80% 和 2.04%，天津为 2.60% 和 3.55%，都保持了相当高的人口增长态势。石家庄、廊坊是其中的过渡地带，两个时段的常住人口增速略高或持平于自身的人口自然增速，人口的流入流出基本持平；而剩下的河北其他城市则是该区域的"边缘"，两个时段的人口增速基本都低于自身的人口自然增速，属于人口的净流失区。总体而言，2000~2015 年，京津两市在城市群中的"中心"地位不断强化，北京人口占京津冀总人口的比重由 15.1% 增长至 19.5%；天津由 11.1% 增长至 13.9%。

表 6-1　2000~2015 年京津冀地区城市常住人口年均增长率

单位：%

2000~2010 年				2010~2015 年			
北京	3.80	沧州	0.61	天津	3.55	秦皇岛	0.55
天津	2.60	保定	0.56	北京	2.04	邯郸	0.53
廊坊	1.18	邢台	0.56	石家庄	1.01	邢台	0.50
石家庄	0.84	承德市	0.33	廊坊	0.90	衡水	0.41
邯郸	0.79	衡水	0.32	沧州	0.83	张家口	0.33
秦皇岛	0.71	张家口	0.25	保定	0.61	承德市	0.31
唐山	0.62			唐山	0.57		

资料来源：根据人口普查公报和相关统计年鉴整理。

相比较而言，长三角城市群发育更为成熟，区域氛围良好（见表 6-2）。2000~2010 年，除上海外，南京、杭州、苏州、宁波、嘉兴、无锡等城市集聚能力也非常强，年均人口增长率都超过了 2%，与京津冀地区人口大量向北京、天津集聚的模式不同，长三角以区域为单元吸引人口已成为趋势，城市之间正向的整体利益已经形成。2010~2015 年，长三角城市群人口增长整体趋于缓慢，共增长 315.4 万人，仅为京津冀地区的 45.9%；但城市群内增长相对均衡，上海、江苏、浙江分别增长 112.6 万人、110.31 万人、92.5 万人，而京津冀城市群 66.4% 的增长在京津两个城市。

表 6 - 2　2010～2015 年长三角地区城市常住人口年均增长率　　　单位：%

2000～2010 年				2010～2015 年			
苏州	4.23	台州	1.48	上海	0.96	湖州	0.38
上海	3.24	绍兴	1.33	杭州	0.71	嘉兴	0.35
南京	2.52	舟山	1.14	南京	0.57	苏州	0.29
宁波	2.46	湖州	0.98	宁波	0.56	台州	0.25
杭州	2.38	镇江	0.72	舟山	0.55	绍兴	0.22
嘉兴	2.31	南通	-0.32	常州	0.47	扬州	0.11
无锡	2.09	泰州	-0.35	无锡	0.43	泰州	0.10
常州	1.80	扬州	-0.47	镇江	0.40	南通	0.05

资料来源：根据人口普查公报和相关统计年鉴整理。

第二节　经验借鉴："金字塔"型结构更能发挥城市群的整体功能效应

为了解决前文分析中提到的京津冀城市群面临困惑，我们需要思考究竟什么样的结构体系才能更好地发挥城市群的整体功能效应。国内外成熟城市群发展的实践告诉我们，城市群需要具有完善的城市规模体系，由少数超大、特大或大城市作为核心城市与多数中小城市及小城镇相互串联而成，各规模等级城市间保持"金字塔"结构比例关系，中间不发生断层，上下不缺层，高等级城市的功能作用通过城市网络依次有序地逐级扩散到整个城市体系，从而才会产生较高的城市群整体功能效应。

比如美国东北部巨型城市区域，多中心"金字塔"结构明显。一方面，纽约、费城、华盛顿、波士顿、巴尔的摩 5 个大都市区是整个巨型城市区域的核心，是美国最大的连续城市化地区，集聚了整个巨型都市区域 72% 的人口（见表 6 - 3），在塑造东北巨型都市区域形象中发挥了不可估量的作用。它们是推动经济发展的"发动机"，聚集了来自全国和世界的资本、知识、机构和人才；它们还是智力和文化中心，吸引和聚焦创造力，丰富当地的生活。这 5 座城市是美国整个经济发展和城市生活的缩影和图标，是美国整个民族的有力象征。另一方面，城市带内小城市数量众多，不同等级规模城市数量比为 1∶3∶8∶40∶76，人口数量分别占 26.1%、22.2%、17.9%、21.2%、8.8%，分布相对均衡，"金字塔"结构清晰（见表 6-4）；在空间上，不同规模等级城镇布局相对成熟合理。

表 6-3　2010 年美国东北部巨型城市带 5 个主要大都市区人口

单位：万人

大都市统计区	人口	位序	城市
纽约—北新泽西—长岛	1890	1	纽约
费城—卡姆登—威尔明顿	597	5	费城
华盛顿—阿灵顿—亚历山大	558	7	华盛顿
波士顿—剑桥—昆西	455	10	波士顿
巴尔的摩—托森	271	20	巴尔的摩
总计	3771（72%）	—	—

注：以大都市统计区为基本单元。

资料来源：http：//www.census.gov/2010census/。

表 6-4　东北巨型都市区域的金字塔城市规模体系　　单位：万人，%

城市等级	CBSA 数量	人口总量	人口比重
600 万人及以上	1	1890	26.1
300 万~600 万人	3	1610	22.2
100 万~300 万人	8	1300	17.9
15 万~100 万人	40	1535	21.2
15 万人以下	76	640	8.8

资料来源：http：//www.census.gov/2010census。

而京津冀城市群单中心"哑铃"型结构明显。一方面，北京、天津是城市群的核心，集聚了整个城市群 33.1% 的人口和 56.4% 的地区生产总值，但无论是经济体量、指挥控制还是功能结构，距离世界级城市群核心的定位仍有差距。另一方面，城市群内存在等级断层，存在大城市过大、小城市数量过多，中间等级城市数量过少、发展不足等问题。不同等级规模城市数量比为 1∶1∶5∶5∶1303，人口数量分别占 26.3%、13.2%、14.6%、4.6%、41.4%（见表 6-5），不仅限制了核心城市对大中小城市的辐射带动，也不利于城市之间产业和创新的传导，影响了跨区域产业链体系的构建。

表 6 – 5　2016 年京津冀城市群内部城市规模体系①

城市等级		数量	规模（万人）	人口比重（%）
超大城市	1000 万以上	1	1879.6	26.31
特大城市	500 万 ~ 1000 万	1	940.09	13.16
大城市	100 万 ~ 500 万	5	1039.22	14.55
中等城市	50 万 ~ 100 万	5	328.14	4.59
小城市	50 万以下	1303	2956.41	41.39

资料来源：根据《中国城市建设统计年鉴（2016）》整理。

第三节　格局完善：优化京津冀城市群规模结构的若干建议

在《京津冀协同发展规划纲要》提出的"一核双城三轴四区多节点"框架下，围绕建设"以首都为核心的世界级城市群"的总体定位目标，党中央、国务院进一步决策部署建设北京城市副中心和雄安新区，形成北京新的"两翼"。京津冀协同发展尤其是"两翼"的提出，必将对整个城市群产生深远影响，将有助于京津冀城市群规模结构优化和空间效率提升，有助于以首都为核心的世界级城市群建设，最终推动京津冀空间发展格局发生历史性的巨变。未来，京津冀地区需要抓住这一历史机遇，化该区域人口增长的潜力为真实的人口增长，在增长过程中实现城市群空间优化和体系完善，带动群内各类城市充分发展，将"一群城市"发展成世界级城市群，提升京津冀城市群在全国乃至全球城市体系中的引领地位。

一、充分发挥北京枢纽作用，建设具有全球影响力的大国首都

作为世界级城市群的核心城市，往往是全球资本的控制中心，跨国企业总部

---

①　以城区常住人口为统计口径，将城市划分为五类：常住人口 50 万以下的城市为小城市，50 万以上 100 万以下的城市为中等城市，100 万以上 500 万以下的城市为大城市，500 万以上 1000 万以下的城市为特大城市，1000 万以上的城市为超大城市（以上包括本数，以下不包括本数）。

的主要集聚地，高端服务的生产场所，也是全球的创新创意中心，具有高度活跃的国内外经济联系，是全球城市网络和全球价值链的关键节点，在世界经济中发挥着至关重要的影响力，核心城市的强弱直接决定整个城市群的全球竞争力。

建设京津冀世界级城市群，核心城市北京需要充分提升自身的竞争力，承担起城市群乃至更大区域范围的枢纽责任。首先，要坚定不移地落实首都城市战略定位，优化提升首都功能，提高金融、科技服务、信息服务等产业在全球市场上的影响力，努力缩小与纽约、伦敦、东京等世界城市的差距。其次，要积极吸引跨国公司或跨国性机构入驻，同时努力提高本土跨国企业对全球经济资源的掌控能力。最后，要不断完善北京功能地域①空间结构，着力改变单中心集聚的发展模式，高水平规划建设北京城市副中心，会同津冀共同做好跨界地区资源要素的统筹配置，促进北京功能地域高质量发展。

二、充分发挥辐射带动作用，助力雄安新区

2018 年 4 月 21 日，《河北雄安新区规划纲要》正式发布，标志着雄安新区的建设正式拉开序幕，京津冀协同发展掀开了新的篇章。作为京津冀协同发展的关键布局，雄安新区的设立盘活了京津冀协同发展的全盘棋，推动京津冀向世界级城市群迈进。首先，雄安新区作为北京非首都功能疏解集中承载地，与北京城市副中心形成北京发展新的"两翼"。其次，雄安新区还将带动周边乃至整个河北地区的发展和转型，解决区域经济平衡发展问题。最后，雄安新区的设立绝不只是为了服务京津冀，它更长远的战略意义在于探索人口经济密集地区优化开发新模式，创造"雄安质量"。

要建设雄安新区，必须从大历史观视角、从全局战略高度深刻认识和理解。首先，要正确处理雄安新区与北京的关系。未来的雄安新区并不是北京产业链的简单延续，它将与北京城市副中心共同构成北京新的"两翼"，双方需要协调分

---

① 城市地域概念有三种类型：行政地域、实体地域和功能地域。其中，行政地域是根据国家行政区划方案的规定，一个城市依照法律规定所管辖的地域范围。实体地域是集中了各种城市设施，以非农业用地和非农业经济活动为主体的城市型景观分布范围，相当于城市建成区。功能地域一般是以一日为周期的城市工作、居住、教育、商业、娱乐、医疗等功能所波及的范围，它以建成区为核心，还包括与建成区存在密切社会经济联系，并有一体化倾向的城市外围地域，以县为基本组成单元，在国外称大都市区（Metropolitan Area）。大数据显示，有相当规模的人口，他们工作在北京，而居住在北京周边的天津和河北，离北京越近的区县这类人口越多，如廊坊主城区（广阳、安次）、三河、香河，保定的涿州以及天津的武清，它们都可在 1 小时左右直达北京市中心，这些都属于北京功能地域的覆盖范围。

工、错位发展。其次，要正确处理雄安新区与河北其他地区特别是与保定的关系。在推动雄安新区建设、创造雄安质量的同时，要努力实现与保定的携手发展，要努力发挥好对周边城市的辐射带动作用，形成高效分工协作，实现高水平融合发展。再次，要创新雄安新区的发展模式。如果说在过去的城市发展过程中，哪里有工作人就向哪里集聚，是人口追逐就业；那么现在的趋势则是哪里吸引人才机构就设在哪里，是就业追逐人口。在未来，雄安新区不仅要注重创新产业的发展，同时要积极培育创新生态系统，提供良好的服务配套、宜居的生态环境以及有助于创新的体制机制。最后，要创新雄安新区的建设管理模式。设立雄安新区是千年大计、国家大事，作为河北省政府派出机构的管委会在很多事情上会面临诸多困难和挑战，新区的建设需要中央强有力的协调，需要京津等各方面的大力支持。

同时，进一步强化京津联动，全方位拓展合作广度和深度，加快实现同城化发展，共同发挥高端引领和辐射带动作用，打造京津冀城市群稳定的金三角。

三、提升区域性中心城市竞争力，弥补京津冀城市群体系结构短板

未来，要发挥"北京—天津—雄安"金三角的辐射带动作用，最大程度地强化功能联系、转化人口发展红利，积极培育新的增长空间，提升区域性中心城市的发展机会和能力，有序推动特色小镇、微中心建设，弥补京津冀城市群体系结构短板。

首先，要依托重点轴线促进资源和要素向区域性中心城市集聚。世界级城市群内部大多都呈现一种由中心沿特定轴线向外扩散的空间形态，由若干高度关联的全球城市及其附属城市组成的"城市发展轴"已经成为全球经济增长的重心，例如以95号州际高速公路为脊梁的美国东北部城市群、沿新干线的日本城市群等。近年来，国内城市群区域以轴线模式推进区域资源和要素整合的思路也非常明确，例如大湾区提出的"广深科技创新走廊"、长三角提出的"沪嘉杭G60科创走廊"等。《京津冀协同发展规划纲要》中也提出了京津、京保石、京唐秦三条发展轴线，石家庄、唐山、邯郸等城市作为区域发展轴上的重要节点，未来要继续强化与京津的功能联系，发展壮大形成500万人以上、富有竞争力的特大城市，充实京津冀城市群"哑铃型"结构中间部分。一方面要着眼未来需求加快城际铁路、高速公路等基础设施建设，支撑发展轴线上要素高效便捷有序流动；另一方面要强化天津、石家庄等区域性枢纽建设，缓解北京过境压力，培育区域

性的交通枢纽节点，吸引对航空、城际铁路和高铁具有强烈需求指向的人群、活动和业态集聚，改变单一用地结构和纯粹的空间用途，注重多种交通方式的无缝对接，打造区域特色魅力新节点，强化区域性中心城市的吸引力。

其次，要通过培育跨区域产业链支撑区域性中心城市功能强化。世界级城市群内不同城市之间一般都分工明确、联系紧密，例如，美国东北部巨型城市区域形成了由纽约、华盛顿、波士顿、费城、巴尔的摩等为中心的多功能空间结构，不同城市各自承担不同角色，既相互合作，又相互竞争，在空间上形成高度一体化的城市化地区（见表6-6）。京津冀城市群也需要顺应这种趋势，结合首都功能疏解，依托主园—分园、园区共建等不同方式，采用"研发＋制造""设计＋制造""总部＋生产"等多种模式，形成区域间产业合理分工和上下游联动机制，将北京部分产业拓展至天津、河北，实现跨区域产业链再布局，推动京津冀产业一体化发展。

表6-6 美国东北部巨型城市区域功能分工与联系

大都市区	承担的核心功能
华盛顿	美国首都、政治中心，世界各国中少有的仅以政府职能为主的中心城市，具有突出的行政和文化职能，集聚着大量的法律、咨询公司，非营利组织和信息技术企业
纽约	以金融服务部门著称，吸引了许多大型投资银行、法律服务以及各种媒体和文化企业，在经济、政治方面都发挥着重要的国际职能
波士顿	高技术与高等教育集中的文化科技型城市，医学研究、生物科技和医疗服务等领域也具有明显的优势
费城、巴尔的摩	重要的海港和工商业城市，在医疗服务和教育方面也较具有优势
威尔明顿	信用卡公司集聚中心
纽黑文	大量建筑和设计公司的所在地

资料来源：根据"美国2050"空间战略规划整理。

最后，要通过有序推动特色小镇和微中心建设与区域性中心城市形成良性互动。抓住北京非首都功能疏解机遇，选择交通便捷、生态良好、环境宜人的区域，按照"小镇（微中心）＋高校""小镇（微中心）＋科技园""小镇（微中心）＋文创""小镇（微中心）＋健康"等多种模式，根据不同的条件和需求培育建设一批以创新、创业、创意为主题，特色鲜明、职住合一、功能完善、规模适度的特色小镇、微中心，弥补城市群结构体系上的缺失。在未来，立足不同类型小城镇、微中心发展的各自需求，努力破除建设中的资金、土地等要素制约，积极创新社会力量参与建设的体制机制，努力提升政府服务效率，充分释放发展的活力。

执笔人：刘作丽　贾君欢

参考文献

［1］Morrill R. Classic Map Revisited：The Growth of Megalopolis ［J］. The Professional Geographer，2006，58（2）：155 – 160.

［2］Northeast Megaregion 2050：A Common Future 2007 ［EB /OL］. http：// www. america2050. org/The Mori Memorial Foundation.

［3］Scott A. J. ，Agnew J. ，Soja E. ，Stoper M. Global City – Regions ［M］. New York：Oxford University Press，2001.

［4］University of Pennsylvania，Department of City and Regional Planning. Reinventing Megalopolis ［R］. 2005.

［5］杜鹰. 对当前区域经济基本态势的研判［EB/OL］. 中国区域经济50人论坛·2018 年年会.

［6］范晓莉，黄凌翔. 京津冀城市群城市规模分布特征［J］. 干旱区资源与环境，2015，29（9）：13 – 20.

［7］方创琳. 中国城市群研究取得的重要进展与未来发展方向［J］. 地理学报，2014，69（8）：1130 – 1144.

［8］付成伟. 大都市经济区内政府间竞争与合作研究：以京津冀为例［M］. 南京：东南大学出版社，2012.

［9］何立峰. 国家新型城镇化报告［M］. 北京：中国计划出版社，2017.

［10］连玉明. 面向未来的京津冀世界级城市群［M］. 北京：当代中国出版社，2016.

［11］唐子来，李粲. 迈向全球城市的战略思考［J］. 国际城市规划，2015，30（4）：9 – 17.

［12］唐子来等. 世界经济格局和世界城市体系的关联分析［J］. 城市规划学刊，2015（1）：1 – 9.

［13］陶希东. 全球城市区域跨界治理模式与经验［M］. 南京：东南大学出版社，2014.

［14］肖金成，申现杰，马燕坤．京津冀城市群与世界级城市群比较［J］．中国经济报告，2017（11）：94－98.

［15］姚士谋等．中国城市群新论［M］．北京：科学出版社，2016.

［16］周振华．崛起中的全球城市：理论框架及中国模式研究［M］．上海：格致出版社，上海人民出版社，2017.

［17］周振华．全球城市：演化原理与上海2050［M］．上海：格致出版社，上海人民出版社，2017.

第七章　提高北京新城综合承载能力，培育成为京津冀世界级城市群新的增长极

新城作为北京市域空间的重要组成部分，是京津冀城市的重要节点，是首都实现高质量发展的重要突破口，是北京未来发展新的增长极，在构建京津冀世界级城市群空间框架中将发挥重要作用。2004 年版北京城市总体规划中正式提出在卫星城的基础上规划整合 11 个新城。经过多年建设，新城面貌已经发生了显著变化，但总体发展仍滞后于中心城。2016 年版北京城市总体规划进一步明确了"多点"和"一区"新城差异化的功能定位，各分区规划已经对新城的功能定位、发展目标、规划布局、发展重点等做出了部署和安排。站在新的历史起点，新城发展面临新形势和新要求，需要破解新问题，有新思路、新举措和新发展。本章重点围绕新城综合承载能力、核心竞争力、发展活力等领域存在的突出问题，研提发展思路与措施建议，为后续出台促进新城高质量发展的相关政策提供支撑。本章所指新城为"多点一区"，"多点"是指顺义、大兴、亦庄、昌平、房山 5 个位于平原地区的新城；"一区"是指生态涵养区，即位于生态涵养区的门头沟、平谷、怀柔、密云、延庆 5 个新城。本章重点聚焦 5 个平原新城。

第一节　国际大都市新城发展借鉴

综观英国、法国、日本、美国各国新城，尤其是首都周边新城的建设历程，虽然政治制度、发展阶段、地域环境等因素各有不同，但其在空间结构引导、产

业发展创新、综合服务水平提升、开发管理机制变革等方面的基本规律和趋势却是基本一致的，能为新时期北京新城发展提供有益借鉴。

一、在空间布局上，注重区域轴线引导新城发展

在规划引导新城建设的空间组织结构上，突破单一城市的行政区范围，面向周边都市圈等更大区域，采用放射型轴向空间结构组织中心城人口和功能疏解、推动新城建设发展是为实践例证的有效方式。

一是面向周边更大区域范围布局推动新城建设。如日本首都东京都，在距都心半径 150 千米、包含 1 都 7 县的首都圈区域布局推动新城建设，疏解都心过度集聚的人口和功能，支撑东京国际竞争力的保持与提升。英国伦敦在辐射半径超过 60 千米，包括 2 个市 31 个自治市的大伦敦范围内规划推动新城建设。法国巴黎在辐射半径约 60 千米，包含巴黎市和周边 7 个省的巴黎大区内规划创建新城。

二是以轴向空间结构组织资源要素疏解，布局推动沿线新城建设。轴向发展规划既保证了与中心城的紧密联系，同时也把建设投资有效聚焦在轴线上的重要新城和重大项目上，能在较短时间内形成规模，吸引人口和产业集聚，并带动周围地区发展。如伦敦早在 1969 年编制的《大伦敦发展规划》中提出，改变同心圆封闭布局模式，使城市沿着三条主要快速交通干线向外扩展并形成三条走廊地带，在长廊终端分别建设三座新城，以在更大区域范围解决经济、人口的合理布局问题。其中，密尔顿·凯恩斯（Milton Keynes）成为这三座新城建设的典范，也是英国前后三轮新城建设中最大和最成功的新城[①]，有效地缓解了伦敦人口、就业压力。巴黎则根据 1964 年的《巴黎地区国土开发与城市规划指导纲要》（SDRAUP），建立了两条平行于塞纳河的东南—西北方向的轴线，以促进中心城人口和产业向周边扩散。从成效来看，巴黎地区的新城近年成为欧洲发展最快的新城。

因此，新时期北京新城发展要研究在京津冀范围内，沿京津、京保石、京唐秦三条区域发展轴线，沿北京城市副中心和河北雄安新区新的两翼，组织统筹中

---

① 按照建设规模，可将英国的新城划分为三个阶段：第一阶段是 1946~1950 年新建的新城。人口规模不超过 6 万，规模较小，功能分区严格，强调独立自主与平衡，较少考虑经济开发问题。第二阶段是 1950~1964 年兴起的新城。规划新城总人口不超过 10 万，是新开发地区中心，规模较第一阶段新城大，功能分区没有之前的新城严格，更加注重景观设计。实际建成的只有朗科恩新城，但由于过度依赖新城中心区，新城拓展受到较大限制。第三阶段是 1964 年之后规划建设的新城。人口总规模达 25 万~30 万，属于中等规模新城，功能比较完善，目的是打造宜居新城，其中最具代表性的便是米尔顿·凯恩斯新城。

心城相关疏解资源和重点建设工程，形成新时期推动北京新城发展的空间组织结构。

二、在新城发展支撑上，注重培育特色、主导产业

发展产业是新城实现承载分担中心城人口和功能目标的关键，也是实现其自身竞争力提升的关键。从实践来看，国际上一些新城由于缺乏产业功能、无法提供充足的就业岗位而难以摆脱郊区单一功能的"卧城"地位，从而导致疏解效果不佳、长时间钟摆式通勤和交通拥堵等广为诟病的问题。日本首都圈早期新城建设在这方面曾经历了深刻的教训，这也是 20 世纪 80 年代以后其着重壮大产业功能的重要原因。在新城产业发展类型上，主要具有如下三方面导向：

一是在社会需求发展的不同阶段，新城产业发展类型具有不同特色。以市场力量在新城建设中起主要作用的美国为例，在消费型社会、老龄化社会转型的不同时期，涌现了以满足相应需求的产业为特色的新城。

"二战"后进入消费型社会转型期，在郊区涌现出一批以文化、休闲娱乐等消费类、体验类产业为特色的新城。美国自 1946 年开始迎来战后经济的繁荣，在 20 世纪 50 年代经济发展进一步加速，并在 20 世纪 60 年代达到顶峰。在此宏观背景下，美国消费型社会特征愈加凸显，在风景如画的乡村地区，依托较为通达的交通条件和较中心城更为低廉的地价，陆续建设了一批以文化、休闲娱乐为特色产业的新城，代表了美国典型"边缘城市"的发育历程，即依托于满足社会发展需求的核心产业功能而衍生出具有更多功能、更大规模的新城镇。典型案例如距离美国首府华盛顿市区 50 千米、以高端文化体育休闲娱乐产业称道的雷斯顿新城和距离首都华盛顿特区 20 分钟小汽车车程、以购物休闲娱乐为特色产业的泰森角地区，其中，前者吸引了 2400 多家企业集团、协会落户和约 7 万人口集聚，成为美国广为熟知的比较成功的新城；后者已从宁静的乡村地区发展为美国规模排名第 12 位的 CBD，为 10 万余人提供就业，并有约 17000 居民居住。

20 世纪 50 年代老龄化问题引起普遍重视，涌现了一批以健康养老为特色产业的新城。美国于 1950 年前后正式迈入人口老龄化社会[①]。立足于郊区宜人的生态环境和慢节奏的生活方式，美国建设了一批针对退休人口、以健康养老产业为

---

① 世界通用的界定人口老龄化的标准为，60 岁以上年龄人口达到总人口的 10% 或 65 岁以上人口达到总人口的 7%。

特色的老龄城，仅戴尔·韦伯一家公司就开发了 20 多个以太阳城命名的老年社区，其中，亚利桑那州扬镇旁的太阳城（建于 1960 年）作为更大规模的退休社区，成为世界知名的退休社区典范，具备完善的购物、医疗、护理、休闲、宗教等设施和功能。

二是在信息化网络化时代，注重创新驱动的知识密集型产业成为新城产业发展新的趋势，并助力新城提升内生发展动力。不同于工业化时期建设以"工厂 + 住宅"为主要模式的企业城镇，也不同于单纯为中心城服务业发展提供劳动力住宅为主要模式的卧城，在全球化与信息化时代，新城具有了接近中心城市的相对地理优势和优越的环境条件，使其有可能分担起对空间区位依赖性相对不高的信息处理和高科技研发类功能和产业。这类产业往往需要的是较低的租金成本、宽松的创新环境，适宜大学、研究类单位和企业。目前，在英国伦敦、日本东京、法国巴黎等世界城市的周边均已布局了全球知名的高科技产业新城或科学城，部分衍生孕育出创新密集型产业廊道，有效增强了新城发展动力，也有力支撑了本国在全球的科技竞争力①。以大伦敦地区新城密尔顿·凯恩斯（MK）为例，其通过知识密集型产业的发展，已从早期接受伦敦及伯明翰等周边大城市产业疏解外溢过渡到依靠自身研发创新驱动竞争力提升的发展阶段。

三是位于中心城不同辐射半径的新城在产业发展类型上具有不同特点。以东京都为例，自 20 世纪 60 年代以来，东京都一直致力于疏解过密都心，经过近半个世纪的努力，已基本形成不同新城之间有序的产业分工格局。新宿、涩谷、池袋等 10 ~ 15 千米近距离新城，主要以商务办公、商业、娱乐、时装、信息和服务业等第三产业为主。距离都心约 30 千米的多摩新城主要是居住功能，与多摩地区的自然风光相适宜，同时发展电子、生物、医药等新科技新材料产业。横滨、千叶、筑波、八王子等距离中心 50 千米以上的远距离新城则主要担负着规模较大的工业和制造加工业功能。

为推动先进技术和产业向特定地域集聚，新城往往制定更为宽松便利、创新开放的优惠政策。以日本首都圈新城为例，主要措施包括：优惠的税费减免政

---

① 在美国，20 世纪中叶开始涌现依托大学发展的大学城或科技园，虽不能否认地方政府给予的大量支持，但市场主导的发展模式是成功的重要因素。在法国，顺应国际上创建科技中心的发展潮流，1983 年，巴黎的马恩拉瓦莱新城实施了迪斯卡特科学城项目，10 多所欧洲著名高校和科研机构以及近 200 家企业的研发部门陆续在此集聚，提升了新城的人口吸引能力，带动了相关产业发展。日本早在 1968 年就开始在东京都市圈兴建筑波新城，目前已成为连接东京都的科技创新轴线终端，带动了沿线新城科技创新产业的发展与集聚以及智慧城市的建设。

策、鼓励工业用地、扶持新兴产业和高科技行业、通关检疫实行 365 天 24 小时化、延长外国人在日本的逗留时间、放宽外国人在日本的资格审查条件等 21 条，以期引进各方企业、机构和人才，增强城市和产业竞争力。

因此，新时期北京新城的产业发展要加强研究在当前消费型社会转型、老龄化社会征兆愈加明显的宏观背景下，在信息化网络化社会知识密集型产业发展趋势下，制定有针对性的优惠政策，在距离城市中心区不同半径范围内，科学有序地承接相关制造业、服务业及研发教育类产业，适时适度发展升级养老健康、文化休闲娱乐等绿色产业，提升新城内生增长动力。

三、在增强新城吸引力上，注重提升综合承载能力

从全球范围的横向角度和发展历程的纵向角度来看，新城经历了附属型、半独立型、独立型和网络型四代的发展①。目前，四大世界城市周边的新城已基本进入网络型发展阶段，成为世界级城市群重要的功能节点。为实现此功能转型提升，各大新城皆加强综合服务水平建设，从完善交通基础设施、供给多样化住房、建设自然生态环境、塑造地方特色等多方面营造宜居宜业环境，为集聚产业、创造就业、吸引人口提供良好基础。

一是加强交通基础设施联通，并增强与城市功能的整合。从国际经验来看，大运量快速公共交通基础设施建设②，尤其是轨道交通建设，对人口和功能向新城疏解具有重要推动作用。但不同新城具体采取的交通策略各有不同。其中，大伦敦新城主要通过公路、铁路与外界通勤，采用私人汽车和公共汽车保持内部联系，因此，在新城内部的空间规划中，道路系统往往比较发达和完善，轨道交通则基本处于从属地位③。巴黎大区新城主要通过公路、铁路以及区域快速轨道交通网保持对外交通联系，特别是与巴黎的联系；内部联系则以轨道交通作为主要

---

① 第一代是 20 世纪 30 年代以前的卫星城，为母城周边近距离的附属住宅区，除了居住的基本生活设施外，几乎不具备其他功能，对母城有很强的依赖性。第二代是两次世界大战期间的卫星城，此时在住宅区基础上修建了相当数量的工业和服务设施，独立性有所加强，但仍依赖母城体系。第三代是"二战"后至 20 世纪 60 年代初的新城，原有城市规模不断扩大、功能日趋丰富，可就地居住和工作，具有一定的独立性，与母城的距离也越来越远。第四代是 20 世纪 60 年代以后的新城，规模更大，有些壮大到替代母城的部分职能，成为母城以外具有独特吸引力的地区，几个新城共同形成大都市多中心区域网络格局。

② 大运量快速公共交通包括铁路、轻轨、地铁、快速公交（BRT）等。

③ 伦敦新城的空间规划基本遵循田园城市的规划设计原则，采取组团式的布局方式，重视绿化和环境，人口和建筑密度相对较低；利用道路系统联系各城市组团，利用大面积的农田绿地与建成区域相互穿插形成比较独特的郊区城市景观。

方式，公共汽车和私人汽车作为辅助手段①。日本首都圈在新城建设中，除加强新城与中心城的快速轨道交通联系外，在后期完善城市功能、提升新城节点功能阶段，依托高速公路、轨道交通系统，加强与周边新城的环状连接。并且不同于英国、美国崇尚田园风光的低密度布局，日本首都圈新城建设是土地集约利用的典范，其围绕高度发达的轨道交通体系、高效高密度布局各项功能的模式成就了"多中心网络式"的区域空间格局，实现了减少小汽车使用、提高土地利用效益、促进节能减排等多元化目标。这一模式在进入经济衰退、人口老龄化少子化阶段尤其重要，多摩新城的振兴已经表明新城的更新再生在轨道交通节点等优势区位更容易实现。

二是提供多样性住房供给。居住功能是新城最为重要的功能之一，但不同人才对住房类型的需求不同。因此，通过多样化设计与建设、提供满足不同人群偏好的住房，能够推动新城人才构成的多元化，增强新城活力和抗风险能力，避免社会隔离与不公平现象加剧。在这方面，大伦敦和巴黎大区的新城较为成功，而日本首都圈的部分新城却提供了典型的反例。

相关新城住房提供的经验与教训

大伦敦规划鼓励新城为不同职业、家庭规模、年龄层次、社会经济地位的人群，有针对性地设计大小、式样、区位等不同的多样化的住宅。除针对就业人口设计住宅外，还针对特殊人群（如老人、单亲家庭等）的需求进行了住宅设计，这种"软硬"规划相结合的方式加强了新城对人口的吸引力。

巴黎大区在新城规划中也提出，在不同区位建设面积不等、价位不同、性质各异的住宅，面向巴黎地区的所有居民，特别是老人、学生等弱势群体，提供储备充足、选择多样的住宅市场，通过多样化的住宅供给维护社会的多元性特点。住宅建设多样化，住宅供应在形式上既有城市型的高密度集合住宅，又有郊区流行的低密度独立住宅；在类型上既有私有化的高级住宅，又有社会化的廉租住宅。

日本首都圈的多摩新城建设之初旨在为中产阶级、白领提供住房，尤其是核

---

① 巴黎新城的空间结构主要以轨道交通线路为骨架，以轨道交通站场为核心，利用自然空间对建成区域进行有机分隔，形成葡萄串状的组团式格局，道路系统仅在其中发挥辅助作用。这种相对集中的空间组织方式保证了每个城市组团都可以达到相对较高的人口密度和建设密度，形成比较浓厚的城市氛围。

心家庭，因而，住房设施的建设也较为单一，主要是医院、幼儿园和小学。然而经历了自20世纪90年代以来的日本经济增长持续低迷、人口与家庭数量减少、老龄化与低出生率、就业方式多元化、家庭规模缩小等巨大变化，日本的社会人群构成发生很大变化，既有的单一住房和服务很难满足现在主导人群的需要。因此，在后期新城复兴中，也越来越重视多样化的住宅配套，以寻求新城在未来的健康持续发展。

综观各国新城住房的建设机制和政策，除美国等高度推崇市场经济和质疑政府的国家以外，基本上都由政府主导，或对住房有较强的管控，以实现新城有效提供多样化住宅的目标。新加坡在这方面的成效明显，其在新城住房建设与分配机制上，采取了政府分配与市场出售相结合的形式，即中收入阶层、低收入阶层的住房（也称"组屋"）由政府提供，高收入阶层的住房由市场供给。此外，在住房配套政策方面，各国新城普遍重视三个方面的措施保障：

其一，在规划中匹配新城的产业用地和居住用地比例，通过向新城公司和企业职工提供住房补贴等方式鼓励职工就近居住，促进新城的就业与居住平衡。

其二，通过经济适用房、廉租房等保障性住房建设和灵活的住宅产权制度，为新城就业的低收入阶层或紧缺型人才提供住房。

其三，根据新城就业人口阶层划分，对高中低档住宅进行合理比例分配，并注重居住用地混合，促进新城社会的有机融合。

三是提供多元化高水平公共服务配套。诸多国际大都市新城建设的经验表明，公共服务配套水平在某种意义上决定了新城能吸引到什么样的人群。

多元化的公共服务设施容易吸引多元化的人群，从而实现社会平衡。例如大伦敦新城，在设施配套上提倡要有各种水平的生活服务、文体、教育、医疗、游憩等设施，供不同收入水平和不同年龄阶段人群自由选择，避免成为单一阶层的集居之地，从而促进社会平衡。

完善的公共服务配套能够有效增强新城吸引力。以多摩新城为例，其高标准配套的公共服务体系有力保障了其发展成为东京周边最大的新城。规划的住宅用地只占了总面积的35%，其他还有3.5%的商业用地，9.6%的教育设施用地，19.4%的公园绿地，19%的道路用地等。每个住宅区配有中学、小学、公园、邮局、超市、日用品商店、诊所，生活所需要的各种设施。在以铁路车站为中心的"地区中心"地带，往往是公园、文化、体育、商业等设施的综合地带，百货店、便利店等生活设施聚集。

高品质公共服务配套能够吸引高端人才和企业要素集聚。以美国广为熟知的雷斯顿新城为例，城内拥有完善的小学、初中、高中等优质教育资源和培训基地，同时还有划船、游泳、滑冰、高尔夫球场等体育休闲娱乐场所，高端办公楼、商店、居住区、餐厅、剧院等设施一应俱全，吸引了多家高端机构和近7万人口集聚。

四是营造宜人绿色景观，提升生态环境水平。新城建设理念最初起源于"田园城市"，宜人的自然环境和生态环境自然是促使人们逃离拥挤的城市中心的出发点。欧美国家的新城在生态环境营造方面的成效自然令人称道，但其低密度的土地利用模式并不适用土地资源紧张的北京。相反，日本的经验很值得借鉴。20世纪90年代，日本开始倡导城市建设与环境共存，这一理念在柏叶新城已得到充分体现。柏叶新城依托老城柏市进行发展，距离东京20千米。该新城于2014年7月全面完工，"环境共生都市"就是其重要的发展战略目标。新城通过公园、城市绿色轴线、立体绿化等创造绿色空间，构建起渗透城市的密集绿色网络，贯穿市民居住区的绿色走廊给市民日常生活提供清新的空气和宜人的环境。此外，通过使用最新的能源技术，提升建筑设施的环保程度，降低二氧化碳排放，打造与自然共生的新城。

五是挖掘和塑造地方特色，打造具有人文关怀的人居环境。具有地方特色和可识别性是增强新城吸引力和归属感的重要因素。在实践中，保护当地历史文化资源、塑造自己的文化特色，打造品牌文化活动，一直是国际大都市新城建设追求的目标。如英国最大、最成功的米尔顿·凯恩斯新城始终注重文化建设，提出建设"世界级的文化城市"，重点从"历史遗产保护、公共艺术、体育与活力社区"三个方面提出了相应的措施。此外，便于沟通和交流的公共空间和开放空间的营造，倡导公共管理服务、社区工作中的公众参与等手段，也能塑造新城独特的人文特色，使新城更富魅力和凝聚力。

值得关注的是，利用新技术新手段管理城市越来越成为新时期新城建设的特色优势，尤其是进入21世纪以后，伴随IT与节能技术的发展，智慧城市建设成就斐然，为宜居宜业环境的打造提供了良好基础。以日本首个智慧城市柏叶新城为例，其建设目标之一是希望通过新技术的应用，使生活变得更加智能、安全、健康。因此，重视节能、创能、蓄能技术应用，建立了包括区域能源管理系统（Area Energy Management System，AEMS）和景观控制系统的城市智能中心，在正常时可削减约 26% 的尖峰负载量。同时社区内多为标准化高级租赁住宅，采用家庭能源管理系统（Home Energy Management System，HEMS），在紧急情况下可以进行电力再分配，确保社区不会停电，同时实现节能、防灾、加强社区内交流等多重目标。

因此，新时期北京新城建设要重点研究制定有针对性的交通设施内外联通与功能整合、多样性住房供给、多元化高水平公共服务配套、绿色景观打造与生态环境提升、地方特色塑造和智慧城市建设措施，为新城承接集聚产业、吸引人口就业居住提供更好条件。

四、在新城建设机制上，注重多主体协作

根据"谁管""谁建""钱从何来"的不同，国际大城市的新城开发模式各有不同。但从政府发挥的作用和投融资模式演变情况来看，国际新城的开发管理机制变革仍然呈现出一些趋势性特征。

一是高层级政府在建设初期主导作用突出，后期则逐渐放权。以英国和法国为代表的自由市场加精英引导的国家，高度重视在新城建设之初的主导作用，并在中央层面成立专门的新城管理机构，负责规划编制、土地管理、资金筹集以及新城建设管理等相关工作。但在新城开发和运转成熟后则解散管理机构，或放权给新成立的新城政府。

二是创新模式，积极拓展多元化投融资渠道。新城建设是一项需要巨额投资的复杂工程，能否筹集足够的资金和选择有效的开发模式是关系新城建设成败的直接因素。早期国际新城建设的资金筹集具有明显的以政府为主的特征，其中，大伦敦周边的新城建设更是主要由中央政府财政全权负责。但近年来，为减轻财政负担，分担投资风险，各大新城的更新再生纷纷拓展投资渠道，鼓励和吸引社会资本进入。如全球知名的伦敦道克兰新城更新，由英联邦政府成立了半官方性质的"都市综合体开发商"伦敦道克兰发展公司（LDDC），采用 PPP 模式（也称为"杠杆规划"，Leverage Planning），1981～1987 年，成功实现了用小投入政府投资撬动更大规模的社会资本，道克兰也逐渐发展成为伦敦最具活力的新城。

三是注重多方参与，倡导多主体协作的开发模式。为提升新城竞争力，近年来，兴建或更新再生的新城多采用重视多主体协作效果的伙伴制（Partnership）。

在东京周边的柏叶新城是该模式的典型。该新城的开发建设由公、民、学共同推进[①]，成立了由东京大学、千叶大学、柏市、柏商工会议所、田中地区故乡协议会、首都圈新都市铁道等7个团体组成的柏叶都市设计中心（UDCK），对整个新城开发进行规划设计，并且由三井不动产公司牵头，联合日建设计、夏普等25家企业来具体实施。这样的机制设计不仅限于空间规划方面，更在于有针对性地解决新城发展各种问题方面，助力该新城在日本低成长社会背景下发展成为富有吸引力的新城。

因此，新时期要深入研究不同层级政府在新城建设中的作用发挥，创新多元化投融资渠道，探索多主体协作开发模式，科学有效推进新城开发建设。

第二节　我国新城发展的经验借鉴

纵观中华人民共和国成立以来的新城发展历程，尤其是总结当前阶段上海、广州、杭州等城市在新城建设上的一些具体实践，在新城综合承载力提升、高精尖产业发展、体制机制创新等方面的经验值得北京新城借鉴。

一、注重提升新城综合承载能力

无论是中心城的更新改造，还是新城的拓展建设，提升城市综合承载力都是实现城市可持续发展的必然要求。而提升城市综合承载力，必然要求在城市资源利用、城市基础设施和公共服务建设等方面同步推进。从国内新城建设实践来看，我国大城市周边新城的建设越来越注重交通基础设施和公共服务等方面的建设，从而提升它们的城市综合承载力，改善新城发展现状。

（一）注重补齐基础设施与公共服务短板

基础设施和公共服务是新城正常运行和健康发展的物质基础，对于增强新城综合承载能力、提高新城运行效率具有重要作用。一方面，新城要以高品质的基础设施和公共服务体现其时代发展特征，并以此作为吸引人口和产业入驻的重要

---

① 公，即行政性、非营利性组织等，负责提供必要的公共服务；民，即市民、三井不动产与店铺经营者等开展经济活动的企业，负责增强地域的活力与魅力；学，即大学等研究机构，负责提供以专业知识与技术为基础的先进活动。

前提条件。另一方面，通过提供完善的基础设施和均等的公共服务设施，能够促进新城内各群体的不断融合，并提升凝聚力，从而推动新城健康发展。如上海为促进新城发展，在基础设施方面，从 2011 年开始将全市基础设施建设重心从中心城转向郊区，并优先实施了新城与中心城之间的轨道交通建设；在公共服务方面，为重点发展郊区新城建设而引进了示范性高中，积极推进了"5＋3＋1"医院项目的建设和运营。

上海市"十二五"新城交通基础设施规划及建设情况

规划情况："十二五"期间力争实现新城（除崇明三岛外）与中心城区之间全部有轨道交通连接，重点建设 16 号线至临港新城、5 号线延伸至奉贤南桥新城、17 号线至青浦新城线路。加快完善新城与中心城区，以及新城之间骨干道路系统，基本建成嘉闵高架、宝安公路、嘉松公路、北松公路等。加快建设新城内部道路网络，提高路网密度①。

建设情况：新城和重点地区发展得到了支撑，金山铁路、轨道交通 9 号线三期南延伸、轨道交通 11 号线二期和轨道交通 16 号线通车运营，嘉闵高架路南段一期、北段一期建成通车，国际旅游度假区、国家会展中心等重点地区交通配套设施陆续建成投入运营②。

上海市"十二五"新城社会事业功能性项目规划情况

优先支持重大功能性社会事业项目落户新城。研究对新城优质教育资源布局的支持政策。"十二五"期间，每个新城至少新增一所示范性优质高中。落实"5＋3＋1"三级医院建设项目（"5"即在浦东新区、闵行、原南汇、宝山、嘉定 5 个区分别引入长征、仁济、六院、华山、瑞金等三级医院优质医疗资源；"3"是对崇明、青浦、奉贤 3 个区的中心医院，提升其硬件设施和技术水平，评审通过后升级为三级医院；"1"即迁建金山医院）补贴政策，确保 2012 年建成运营，并研究对新城三级医院运营的支持政策③。

---

①③　资料来源：上海市人民政府印发《关于本市加快新城发展的若干意见》的通知。
②　资料来源：《上海市综合交通"十三五"规划》。

（二）注重新城土地资源的集约有效利用

加速城市发展现代化，推进新城发展，已是经济发展和社会进步的必然结果，因此，郊区土地的大量使用是难免的。一些城市在向郊区简单扩张以及在新城发展的过程中，面临着土地资源（尤其是新城土地资源）利用效率过低的问题。而土地的集约有效利用也是新城可持续发展的基础，坚持新城土地资源的集约有效利用，无疑是新城建设发展过程中的一个重要环节。如上海在其新城建设过程中，为缓解新城建设中土地资源紧缺的矛盾，一方面不断完善新城用地制度，如支持新城所在区县开展城乡建设用地增减挂钩，利用农村宅基地置换工作积极推进郊区新城建设发展等。另一方面积极推进用地计划安排向新城倾斜，如"十二五"期间在重点发展的新城所在区县，每年增加一定的新城专项建设用地计划指标等。此外，上海市为解决土地供需矛盾突出、土地利用质量不高等问题，2018 年出台了《本市全面推进土地资源高质量利用的若干意见》，其中提出了"五条存量土地盘活路径"，涵盖了收储、转型、提容、节余转让、低效退出等方面。深圳市为解决日益紧缺的空间资源制约"瓶颈"问题，出台了一系列土地管理方面的政策，重点围绕存量土地资源如何实现高效开发利用进行了积极探索，2019 年 4 月印发了《关于规范已出让未建用地土地用途变更和容积率调整的处置办法》，2019 年 5 月印发了《深圳扶持实体经济发展促进产业用地节约集约利用管理规定》。

上海市盘活存量建设用地政策情况

2018 年 11 月，上海市人民政府印发《本市全面推进土地资源高质量利用的若干意见》，提出了一些盘活存量产业用地、强化低效用地退出、严格闲置土地处置等方面的政策。在盘活存量产业用地方面。加大收储盘活力度，区政府可以划定区域，明确区域内产业用地必须通过收储进行盘活开发，建立市、区两级存量产业用地收储专项资金，探索"以房换地"等市场化补偿方式。倡导区域整体转型，由原土地权利人或原土地权利人为主导的联合开发体，通过存量补地价的方式，实施区域整体转型开发，加快推进南大、桃浦、吴淞、吴泾、高桥等重点区域整体转型。对零星工业用地，在满足产业类型、投入产出、节能环保、本地就业等准入标准的前提下，可以由原土地权利人通过存量补地价方式实施开发。允许节余产业用地分割转让。建立严格的城市开发边界外优质工业企业认定保留机制。在强化低效用地退出方面。市、区产业部门建立资源利用效率评价制度，明确低效产业用地认定标准，市、区政府开展低效产业用地综合治理和退出专项行动。对低效产业用地，在技术改造、财税、电价、环保、金融服务等方面实施差别化政策。对低效产业用地涉及的违法违规行为，由相关主管部门开展联合执法。加强不动产登记、工商登记等环节管控，禁止低效产业用地以各种形式违规违约转让。对已签订土地全生命周期管理出让合同的低效产业用地，按照合同约定，追究违约责任。在严格闲置土地处置方面。加强各类建设项目的供地前研判和供地后监管，切实预防土地闲置。根据闲置原因分类处置，涉及政府原因的，可以协商收回。全面梳理各类历史遗留的问题土地，纳入土地资源统筹，按照城市规划和区域功能定位加以利用。对"历史毛地出让"地块，建立分类处置方案，积极推进处置。

深圳市盘活存量建设用地政策情况

2019 年 4 月，深圳市政府出台《关于规范已出让未建用地土地用途变更和容积率调整的处置办法》（以下简称《办法》），该《办法》主要目的在于进一步盘活已出让的未建低效用地。一方面适度放宽土地使用权人的利益空间，提高原土地使用权人参与处置的积极性；另一方面充分保障公共配套设施用地需求和增加人才住房供给，加快规划实施和存量土地开发利用。《办法》中有两大主要亮点：一是建设人才住房可享地价优惠。在处置方式的调整中，重点针对变更为居住类的用地，提出建设为可销售的人才住房的要求。其中，由商业服务业用地变更为居住用地的，超出原合同约定建筑面积的部分建设为可销售的人才住房。由工业、物流仓储用地等变更为居住用地的，住宅部分均建设为可销售的人才住房。同时，考虑到用途变更前后土地价值的差异，兼顾企业利益保障，对于由商业服务业用地变更为居住用地的，允许原土地使用权人按照生效法定图则确定的容积率核算建筑面积。并明确了可销售人才住房的地价暂按商品住房用地市场价格的30%确定。二是分类设置提高容积率的贡献方式。为促进集约节约用地，《办法》对提高容积率增加建筑面积的情形做了分类处置。例如，商业用地增加建筑面积的，除无偿移交需建设的城市基础设施和公共服务设施用地外，还应将超出原合同约定建筑面积部分的20%（须为办公用房或生效法定图则未规划的公共配套设施用房）无偿移交政府；居住用地增加建筑面积的，除无偿移交需建设的城市基础设施和公共服务设施用地外，超出原合同约定建筑面积的部分均建设为可销售的人才住房。

2019 年 5 月，深圳市政府出台《深圳扶持实体经济发展促进产业用地节约集约利用管理规定》（以下简称《管理规定》）。为保障产业发展空间，防止产业空心化以及房地产化，《管理规定》要求对有产业用地容积及容积率调整的企业进行审查，并严格要求产业用地提高容积及容积率后增加的建筑面积用于产业发展。此外，企业新增的产业空间按照规定只能自用，不得转让。若是出租，也将在与政府签订的《产业发展监管协议》中明确约定租赁面积比例、租金标准、租赁对象及违约处置措施。

二、注重高精尖产业的集聚发展

城市功能与产业发展存在相辅相成的关系。一方面，城市功能的定位影响产业发展的方向；另一方面，产业发展也是实现城市功能定位的核心抓手，产业结构的升级往往带来城市功能的提升。在新城建设过程中，也必须充分认识到城市功能和产业发展的相辅相成关系，在提升新城综合承载力的同时，更要注重加快推动高精尖产业的集聚发展。

（一）注重承接外部产业转移

国内新城产业发展的经验表明，顺应当前阶段国内产业由中心城向新城转移的新趋势，积极探索科学承接产业转移的新模式，促进产业承接转移有序开展，对新城自身产业的集聚发展具有重要作用。如上海在其新城建设过程中，提出要支持符合新城产业导向的战略性新兴产业、高新技术产业化项目向新城集聚，在规划完善、产业发展、招商引资、基础设施配套等方面，加强工业园区与新城的衔接。此外还提出落户新城的企业集团总部，享受市级有关总部经济补贴政策。杭州在其钱江新城建设过程中，一方面鼓励和引导商务写字楼等开发项目向钱江新城集中，另一方面实行鼓励金融机构和大企业总部入驻的优惠政策。

（二）注重增强内部发展动力

从国内新城产业发展的内在驱动力来看，不断通过产城融合布局适合的新兴产业和通过结构调整及优化升级促进已有产业的发展已成为推动新城产业发展的必然选择。如上海市在其新城建设过程中提出，一方面要加快编制产业地图，围绕资源禀赋，绘制产业地图，形成品牌和特色；另一方面要深化区域分类指导，依托不同的高新技术产业园区、大学城等，建设产业创新功能集聚区，并顺应产城融合和产业融合的发展趋势；此外还指出要制定产业高质量发展指标体系以及建立产业园区高质量发展评价机制。广州市白云区以白云新城建设为契机，制定了《广州市白云区产业发展规划和重点产业发展目录（2018－2020年）》，指出要深入实施"强二优三"产业发展路径，面向国内外高端产业，加大先进制造业和现代服务业发展力度，谋划战略性新兴产业发展，优化现代都市农业。

上海市推动产业高质量发展的主要措施

2018年11月，上海市政府印发《关于本市促进资源高效率配置推动产业高质量发展的若干意见》，提出了一些加强产业规划布局统筹、建立高质量发展标准体系等方面的措施。在加强产业规划布局统筹方面，一要加强产业战略引领。超前布局未来前沿产业，加快培育战略性新兴产业，形成产业发展新动能。二要加快编制产业地图。围绕资源禀赋，绘制产业地图，形成品牌和特色，进一步提高产业发展集中度和显示度。三要深化区域分类指导。依托张江、紫竹、漕河泾、市北、杨浦、嘉定、临港、松江G60科创走廊等高新技术产业园区、大学城和重要产业基地，建设产业创新功能集聚区和科创城区。顺应产城融合和产业融合发展趋势，发展量多面广、规模适宜的嵌入式创新空间，为新兴产业和小微科创企业提供成长空间。在建立高质量发展标准体系方面，一要严格产业项目准入和结构调整管理。各区着力优化本区产业项目准入统筹和落地机制，加强全生命周期管理，开展资源利用效率评价。二要制定产业高质量发展指标体系。从产出效率、科技创新、品质品牌等维度综合考量，分类制定各产业领域高质量发展指引，建立指标体系动态调整机制。三要建立产业园区高质量发展评价机制。开展园区开发主体综合评价，围绕产业集聚发展、创新创业、资源利用、投资环境等维度建立指标体系并定期开展评价，评价结果与园区主体认定等工作相挂钩。

三、注重体制机制与政策机制的创新

为加快新城建设，国内一些城市以全面深化行政审批制度改革为契机，不断创新新城建设管理的体制机制，通过新城管理体制机制的创新与优化，不断推动新城的快速发展。

（一）注重城市管理体制的创新

以管理体制机制创新为主导的新城建设通常是在政府直接主导或支持下进行

的系统性建设，企业、机关以及事业单位等会在政府的引导下逐步迁入到新城中来。如杭州钱江新城在建设上进行了管理机制上的创新。一方面，确立了"自求平衡"的城市经营主体。杭州市先后出台了《关于加快钱江新城建设的若干意见》和《关于进一步加快钱江新城建设和发展的若干意见》等文件，使钱江新城成为"自行借贷、自行建设、自行出让、自行还贷"的"城市经营主体"。另一方面，打破传统形政区域的隔阂，在不改变行政区划的情况下，以委托管理、授权管理、跨区域合作的方式建设钱江新城。新城与所在地区政府实行干部交叉任职，按照"能授权则授权，不能授权则以派驻等形式落实职责"的原则，确保"办事不出新城"。

杭州市支持钱江新城发展的主要管理体制创新政策

2006 年，杭州市政府出台《关于进一步加快钱江新城建设和发展的若干意见》，在新城建设管理体制方面，指出要进一步创新管理体制，落实工作责任，坚持办事不出新城。一是完善项目审批体制。市发改委、市建委派出副处以上干部入驻钱江新城管委会，负责钱江新城项目的审批和协调；市规划局、市国土资源局、市人防办与钱江新城管委会实行联席会议审批制度；市房管局、市工商局指定副处以上干部专门负责钱江新城项目审批或核准，并与钱江新城管委会定期协调研究解决问题；其他涉及审批事项的市直部门指定专人参加钱江新城项目审批服务小组，提高项目审批效率。二是改进有关专项审批服务。由市公安局消防支队指定一名副支队长牵头成立专门工作班子，负责钱江新城核心区消防审批事务，并加强与省消防部门的协调；钱江新城核心区交通、绿化等总体规划由钱江新城管委会制定并报有关部门审核批准后，具体项目绿化、交通评估由钱江新城管委会负责审核；钱江新城核心区环境总体评估由市环保局审核批准后，具体项目实行填表备案。三是进一步改进服务方式，提高办事效率。在钱江新城区域范围内进行深化行政审批制度改革的试点，简化审批程序、加快审批速度。对钱江新城建设项目实行优先办理、特事特办，缩短项目审批时间，市权范围内的一般事项 3 天办结、重大事项 7 天办结（法律法规规定的时间除外）。钱江新城管委会要形成高效、便捷的办事程序，进一步优化服务，提高办事效率。

（二）注重营商环境创新

优化营商环境有利于促进新城区域的招商引资和协调发展，从而促进新城区域内产业的集聚发展和经济平稳提升。为构建新型政商关系、激活市场主体活力，国内新城在建设过程中不断探索营商环境的优化，积极探索审批机制优化、审批流程创新，来建设公平公正、便利高效的城市营商环境。如广州新城坚持把深化简政放权、完善体制机制作为推动新城新区发展的有力保障。一方面，南沙新区管委会和行政区合署办公，两块牌子一套班子，市委常委、区委书记担任管委会主任，全面统筹、协调推进南沙片区开发建设。另一方面，创新审批模式，将开发区（自贸区）7个部门的多项审批事项纳入相对集中行政许可权改革试点，加快建设一个窗口管受理、一枚公章管审批、一支队伍管执法的"三个一"管理服务体系。启动一般企业商事登记由审批制改确认制等商事登记先行先试，深入推进"证照分离"改革。

广州南沙新区片区关于进一步优化营商环境的十项政务服务管理改革措施

为深化中国（广东）自由贸易试验区"放管服"改革，南沙在优化政务服务管理方面推出了《中国（广东）自由贸易试验区广州南沙新区片区关于进一步优化营商环境的十项政务服务管理改革措施》。措施一：推行"证照分离"改革试点2.0版。以服务企业为中心，在省"证照分离"改革目录基础上，将改革事项目录拓展至163项。措施二：实行企业"一照一码"走天下改革。打通数据壁垒，全面实现各部门业务系统互联互通、数据共享共用。措施三：实行"一颗印章管审批"。按照相对集中许可的原则，成立了行政审批局，首批将发展改革局、国土资源和规划局、工业科技和信息化局等7个部门的主体审批业务共76大项143子项率先划转至行政审批局统一实施。措施四：打造企业投资建设工程审批服务新模式。优化审批流程，归口整合关联审批事项，完善并联审批，将企业投资类建设项目审批分为规划许可、施工许可、竣工验收3个阶段。措施五：构建以信用为核心的监管新模式。建设市场监管和企业信用信息平台2.0版，加快完成接入国家数据共享交换平台，推动实现跨部门、跨层级、跨区域信息共享。措施六：实行"一支队伍管执法"。成立综合行政执法局，建立"一支队伍管执法、一张清单明责任、一个平台办案件、一套机制管保障"的基层执法新模式。措施七：推行"智能体检式"的现代化管税机制。依托自主研发的"数据应用管理系统"和"后续监管系统"，实施智能化税务管理。措施八：推行"即刻办＋零跑动"服务模式。通过进一步简化材料和压缩办理时间，逐步实现商事登记等 23 个领域 109 个事项"即刻办"。通过优化再造服务流程，进一步扩大全流程网上办理范围，推出首批涵盖 9 个部门 61 项事项的全流程网办"零跑动"清单。措施九：打造"指尖微政务"。建立统一入口的政务微信平台，将各部门分散建设的微信办事入口全部向政务微信平台集中。措施十：深入推进办税便利化。实现涉税事项"全国通办"，跨省经营企业可根据办税需要就近选择税务机关申请办理异地涉税事项。

（三）制定人才倾斜政策

上海为积极吸引各类人才向新城集聚，一方面居转户政策向郊区新城引进人才进行倾斜，另一方面出台临港地区（南汇新城）吸引人才的"双特"政策。此外，还探索在特殊区域实施有利于人才安居的特殊住房供应政策以及推进"先租后售"公共租赁住房试点。

杭州钱江新城推出多维度人才吸引政策。一方面实行购房入户的优惠政策，规定非杭州市户籍人员在钱江新城区域范围内购买住房，达到一定购房价值和时限，并符合相关规定，可申请办理杭州市区户籍迁入手续。另一方面实行人才服务优先政策，建设公寓和配套服务设施，以优惠价格出租给入驻钱江新城核心区企事业单位的高层次人才周转使用，并对他们在子女入学、医疗保健、出入境管理等方面，由市、区有关部门提供便利服务。

上海临港地区优化人才发展环境的主要政策措施

2016 年，上海市政府出台《关于深化完善"双特"政策支持临港地区新一轮发展的若干意见》，在优化人才发展环境方面提出了一些政策措施。一是强化人才集聚政策。支持本市人才改革创新举措在临港地区先行先试。对上海市居住证持证人在临港地区工作并居住的，可予以专项加分，即每满 1 年积 2 分，满 5 年后开始计入总积分，最高分值为 20 分。对临港地区教育、卫生、农业等社会公益事业单位录用非上海生源应届普通高校毕业生落户的，给予政策倾斜。在临港地区教育、卫生、农业等岗位工作满 5 年的人员办理居转户，持证及参保年限可缩短至 5 年。适当增加临港地区人才直接落户重点机构的数量。在临港地区开展海外人才永久居留、出入境便利服务以及在沪外国留学生毕业后直接留沪就业试点，试行外国专家证、就业证、居留证三证"一口受理、一口办结"的办证模式。二是完善人才服务保障。优化临港地区"双定双限房"和公共租赁房"先租后售"政策。对在临港地区从事基础教育、医疗卫生、公共服务等人员，每月给予临港津贴。对在临港地区有稳定工作且符合一定条件的人员，给予交通补贴。推进临港高技能人才培养基地建设，支持创建一批青年创业见习和职业见习基地。三是积极扶持创新创业。对符合创新转型发展导向的企业，可申报认定为临港地区高新技术企业和技术先进型服务企业，并给予一定的财政扶持。对在临港地区创新创业人才及团队，给予一定的扶持和奖励。继续支持"千人计划"、领军人才等高层次人才科研成果在临港地区实施产业化。

杭州市支持钱江新城发展的主要人才政策

2006 年，杭州市政府出台《关于进一步加快钱江新城建设和发展的若干意见》，在吸引人才方面指出，一是实行购房入户的优惠政策。根据《杭州市人民政府办公厅转发市房管局等部门关于外地人在杭购房入户试点办法的通知》规定，非杭州市户籍人员在钱江新城区域范围内购买住宅（包括商品房和二手房），达到一定购房价值和时限，并符合相关规定，可申请办理杭州市区户籍迁入手续。二是实行人才服务优先政策。规划建设一批公寓和配套服务设施，以优惠价格出租给入驻钱江新城核心区企事业单位的高层次人才周转使用。对入驻钱江新城核心区的企事业单位高层次人才，在子女入学、医疗保健、户籍迁移、出入境管理等方面，由市、区有关部门提供便利服务。

（四）拓展多元化融资渠道

采取多元化的筹资渠道，筹措足够的建设资金，是顺利实施新城建设规划的重要保障。如在上海市新城建设过程中，嘉定新城建设公司与人寿资产管理公司合作，以有限合伙制形式引入保险资金，支持嘉定新城建设。临港集团也计划以特定资产组合或项目特定现金流为支持，通过发行股权投资计划向保险资产管理公司等委托人募集资金，拓宽临港新城建设的融资渠道。杭州钱江新城在建设过程中也积极拓展投融资渠道。一方面设立钱江新城建设与发展专项资金，用于引进重大项目、引导产业集聚等。另一方面按照"谁投资、谁决策、谁得益、谁承担风险"的原则，健全基础设施、公共配套设施的建设经营机制，采取 BOT、BT 等多种方式，引进各类资金参与钱江新城基础设施和公用事业建设与经营。此外，还坚持把经营土地这一"有形资产"与经营理念、规划、设计、品牌这些"无形资产"相结合（如道路、桥梁、地名冠名、广告等），多渠道筹集资金。

第三节　北京新城发展现状与问题分析

以新区新城为特征的空间拓展，是中国改革开放 40 多年城市发展的主要特征。毋庸置疑，北京新城在首都发展中同样发挥了重要作用。随着京津冀协同发展上升为国家战略后，顺义、大兴、亦庄、昌平、房山新城及地区，已经成为首都面向区域协同发展的重要战略门户。对标新城定位和肩负的重要使命，新城总体发展仍滞后于中心城，距离实现相对独立、功能完善的发展目标差距较大，实现有效承接中心城适宜功能和人口疏解、推进京津冀协同发展、带动本地城镇化等多重目标的任务仍然非常艰巨。

一、经过长期建设新城已具备一定发展基础

（一）由"子母城""卫星城（镇）"到"新城"，新城在全市的地位不断凸显

伴随北京城市性质由"大工业城市"到"政治中心、文化中心、世界著名古都和现代国际城市"再到"全国政治中心、文化中心、国际交往中心、科技创新中心"，新城经历了"子母城""卫星城"到"新城"的发展，建设步伐不断加快，在城市空间结构中的地位不断凸显。1957 年，《北京城市建设总体规划初步方案（草案）》中首次提出城市布局应采取"子母城"的形式。1958 年编制的《北京市总体规划方案》在"子母城"概念的基础上，提出控制市区，发展远郊区的设想，将大量的工业项目布局到 40 个卫星镇上。1982 年编制的《北京城市建设总体规划方案》，针对建设分散的问题提出沿交通走廊、"骨肉配套"、政策配合地有重点地建设远郊卫星镇。近期重点发展黄村、昌平、通县、

燕山 4 个卫星镇，规模在 5 万 ~ 20 万人，卫星镇职能也不仅限于工业，还包括了科研等其他职能。《北京城市总体规划（1991 年 - 2010 年）》实施两个战略转移，将过去卫星城镇分为了卫星城和镇，14 个卫星城以各县城为主，规模一般在 10 万 ~ 25 万人，虽然跳出了工业镇的窠臼，但仍达不到缓解中心城压力的要求。《北京城市总体规划（2004 年 - 2020 年）》提出了"两轴—两带—多中心"的城市空间结构，正式提出"新城"概念，在 14 个卫星城的基础上规划整合通州、顺义、亦庄、大兴、房山、昌平、怀柔、密云、平谷、延庆、门头沟 11 个新城；相较之前的"卫星城"，新城有相对独立、功能完善、环境优美、交通便捷、公共服务设施发达等特点，尤其在功能上具有明确的城市职能和与之相对应的产业体系。2016 年版北京城市总体规划进一步针对平原地区和生态涵养区不同资源禀赋条件，明确了"多点"和"一区"新城差异化的发展思路和功能定位（见表 7 - 1）。

表 7 - 1　1958 ~ 2017 年北京市卫星城规划建设情况

时间	卫星城（镇）、新城规划建设情况
1958 年	结合了当时工业项目的选址，规划建设 40 个卫星城镇
1982 年	重点建设燕化、通县、黄村、昌平 4 个卫星镇
1992 年	14 个卫星城：通州、大兴黄村、顺义、良乡、门头沟、昌平、怀柔、平谷、密云、延庆、房山、亦庄、沙河和长辛店
2004 年	11 个新城：通州、顺义、亦庄、大兴、房山、昌平、怀柔、密云、平谷、延庆、门头沟
2016 年	多点新城：通州、顺义、亦庄、大兴、房山、昌平 涵养区新城：怀柔、密云、平谷、延庆、门头沟

（二）新城要素集聚能力不断增强

2017 年北京城镇化率 86.5%，一二三次产业结构比为 0.4∶19∶80.6，已处于后工业化发展阶段，城镇化水平也处于比较成熟稳定的阶段（见表 7 - 2）。其中，中心城区的城镇化水平提升和空间格局调整的空间已经不大；新城和生态涵养区仍有较大的空间，它们第三产业占比基本处于 40% ~ 60%，第二产业占比基本处于 30% ~ 60%，城镇化水平基本处于 40% ~ 70%，新城正成为人口增长、要素集聚、功能重塑和空间调整的重要空间（见图 7 - 1）。与之相对应，怀柔科学城、未来科学城、"中国制造 2025"国家级示范区等科技创新主平台加速规划建设，重大项目和高端要素正加速向新城集聚，包括通州在内的固定资产投资占比已超过全市一半，新城地区经济增长动力明显增强。2017 年，包括通州在内的远郊区地区生产总值达到 7114 亿元，占全市 GDP 总量的 26.5%，其中 8 个新城的 GDP 增速高于全市平均水平。生物医药、新一代信息技术等产业在远郊区新城已经呈现出了集聚发展的趋势；包括通州在内的远郊区生物医药产业税收贡献占全市的 67%、新一代信息技术税收贡献占全市的 13%（见图 7－2）。

表 7－2　2011 年、2014 年和 2017 年平原新城产业结构变化情况　　单位：%

地区	2011 年			2014 年			2017 年		
	第一产业	第二产业	第三产业	第一产业	第二产业	第三产业	第一产业	第二产业	第三产业
房山	3.6	62.4	34.0	3.5	59.3	37.2	1.9	58.4	39.7
通州	4.2	50.0	45.8	4.0	50.4	45.6	2.1	47.5	50.4
顺义	2.4	43.5	54.1	1.9	43.3	54.8	1.1	37.5	61.5
昌平	1.5	47.8	50.7	1.5	41.1	57.4	0.9	37.4	61.7
大兴	5.3	39.1	55.6	5.1	40.4	54.6	2.6	37.7	59.7
亦庄	0	63.3	36.7	0	64.1	35.9	0	65.9	34.1

资料来源：根据历年《北京区域统计年鉴》计算整理。

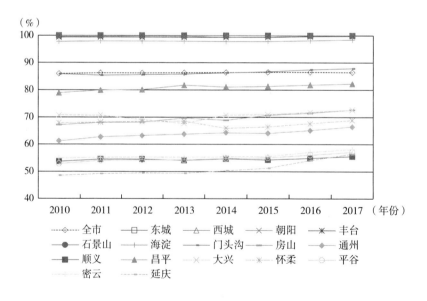

图 7－1　2010～2017 年北京市各区城镇化水平

资料来源：根据历年《北京区域统计年鉴》计算整理。

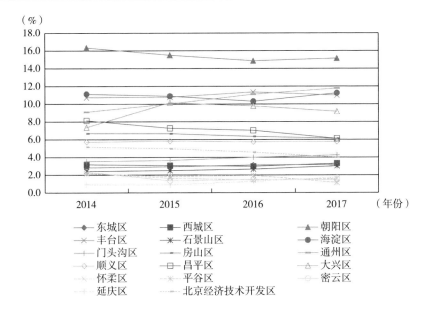

图 7 - 2　北京市投资空间结构（不同区）

资料来源：根据历年《北京区域统计年鉴》计算整理。

（三）新城作为首都人口"反磁力"中心的作用已开始显现

2017 年，北京常住人口首次实现了负增长，2018 年延续了这一负增长的趋势，且人口减幅加大。从全市人口增长的空间分布看，近年包括通州区在内的远郊区已经取代中心城区成为人口增长的主战场。2014～2017 年，全市常住人口共增长 19.1 万，增长主要发生在远郊区，其中，"一副"增长了 15.2 万人，"多点"增长了 61.3 万人，"一区"增长了 10.1 万人，而作为"一主"的中心城区减少了 67.5 万人，城市副中心和多点新城已成为中心城区人口疏解和外来常住人口集聚的主要空间载体，新城作为首都人口"反磁力"中心的作用开始显现（见表 7 - 3）。

表 7 - 3　北京各区常住人口总量及增量　　　　　　　　　单位：万人

地区＼年份	2010	2014	2017	2010～2014	2014～2017
东城区	91.9	91.1	85.1	- 0.8	- 6.0
西城区	124.3	130.2	122.0	5.9	- 8.2

地区＼年份	2010	2014	2017	2010～2014	2014～2017
"一核"	**216.2**	**221.3**	**207.1**	**5.1**	**－14.2**
朝阳区	354.5	392.2	373.9	37.7	－18.3
丰台区	211.2	230.0	218.6	18.8	－11.4
石景山区	61.6	65.0	61.2	3.4	－3.8
海淀区	328.1	367.8	348.0	39.7	－19.8
"一主"	**1171.6**	**1276.3**	**1208.8**	**104.7**	**－67.5**
"一副"	**118.4**	**135.6**	**150.8**	**17.2**	**15.2**
房山区	94.5	103.6	115.4	9.1	11.8
顺义区	87.7	100.4	112.8	12.7	12.4
昌平区	166.1	190.8	206.3	24.7	15.5
大兴区	136.5	154.5	176.1	18.0	21.6
"多点"	**484.8**	**549.3**	**610.6**	**64.5**	**61.3**
门头沟区	29	30.6	32.2	1.6	1.6
怀柔区	37.3	38.1	40.5	0.8	2.4
平谷区	41.6	42.3	44.8	0.7	2.5
密云区	46.8	47.8	49.0	1.0	1.2
延庆区	31.7	31.6	34.0	－0.1	2.4
"一区"	**186.4**	**190.4**	**200.5**	**4.0**	**10.1**

资料来源：根据历年《北京区域统计年鉴》计算整理。

（四）新城作为首都空间增长主战场的态势已经显现

新城实现了区区通高速，基本实现了区区通轨道，中心城一批优质公共服务资源正逐步向新城辐射转移，新城地区承载能力不断提升，已开始成为空间增长的重要潜力空间。其中4个平原新城区的城乡建设用地面积占全市总面积的42%，有2亿多平方米建筑面积增长空间。近年来，全市建设投入和土地投放向中心城区以外的地区特别是平原新城地区倾斜，新城发展空间迅速拓展。通过梳理2017年207块土地成交情况可以发现，包括通州在内的平原新城已成为土地供应的主要空间，成交宗地数量占全市的53.6%，成交面积占全市的53.4%，规划建筑总面积占全市的54.7%；其中尤以大兴、亦庄、顺义最多（见图7－3）。

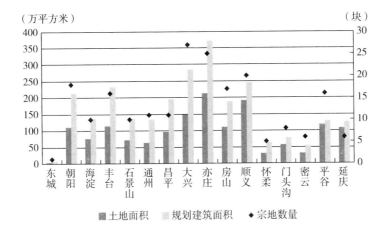

图7-3 北京市土地供应空间分布情况（分区）

资料来源：北京市规划和自然资源委员会。

二、新城的综合承载能力亟待加强

新城基础设施和公共服务水平与中心城区相比仍存在明显差距，新城对中心城区功能和人口疏解承接吸引力不强。

（一）交通上：快捷性和便利性都亟待加强

新城与中心城的交通通道建设会对沿途土地开发造成很大影响，是个非常复杂的问题。如果不能很好地搭建交通联系，会影响新城的发展；如果过于机械强化与中心城的联系，又会片面刺激交通沿线和新城的土地开发特别是住宅开发，从而引起更大的交通需求。北京新城交通组织过程中，这两种困难都存在。

（1）在外部连通上，新城与中心城的空间关系亟待系统优化。近年来，伴随大都市区域化发展的趋势和首都发展阶段变化，新城地区与中心城之间的联系越来越紧密，交通需求也不断增加。2005～2010年，通州、大兴、门头沟等新城地区与中心城通勤交换量比例由10%以下增长至40%以上，目前仍在继续增长，部分新城对外通勤交通占比达70%，人口和交通出行总量保持高位状态将会持续。加之目前这种交通联系主要依靠地铁和高速公路，持续增长的交通量造成了高速公路拥堵、地铁站点限流、市民通勤时间长、出行体验较差等问题（见图7-4）。

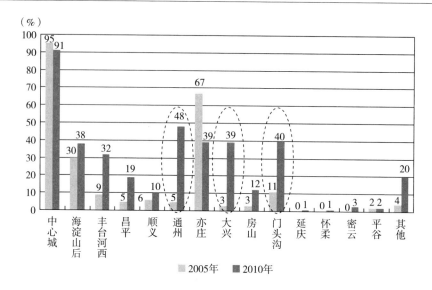

图7-4 2005年和2010年中心城与新城之间通勤交换比例对比

注：通勤交换比例为地区与中心城的通勤出行交换量与该地区的通勤出行总量的比值。

根据东京、伦敦、巴黎等大都市新城发展经验，快速轨道交通（市郊铁路）是大都市区空间组织的关键纽带和依托，处于30～70千米的新城地区与中心城之间的连通，全球大都市区几乎无一例外地依赖大运量轨道交通体系，既满足了郊区与中心城区快速紧密的人员通勤和功能联系，同时避免了城市空间无序蔓延。例如东京都市圈3212千米轨道交通中70%以上是市郊铁路，全市公共交通出行的八成以上靠轨道交通。对比国际城市，北京新城与中心城的交通联系上仍然存在很多问题，北京新城与中心城之间、新城与副中心之间、新城与新城之间，区域交通通行效率不高，快速轨道交通的线路规划、列车班次、运营管理、客流结构等方面仍然存在问题。比如现有的轨道交通制式主要适应了沿线蔓延式连片发展所带来的客流需求，地铁站间距普遍设置在1.5～2千米，造成地铁旅行速度仅为30～40千米/小时；快速通道与城市道路衔接段能力不足，高速公路城区段更多地承担起城市交通功能，各种交通流相互交织，极大地影响了路网整体效率。新城与外部空间，特别是重要空间节点的连通性有待加强，立足优化市域乃至区域空间结构的区域性快速交通体系亟待完善。

平原新城与中心城过于"频繁、便捷"的交通联系，在很大程度上影响了平原新城功能的完善。2018年，中心城区就业人口达827.4万，较2015年增长

8.6%，跨区域通勤量依然较大。平原新城虽然都已经实现了与中心城区的轨道连通，但站间距过小，与中心城内的1号线、2号线相差无几，交通与沿线开发建设的协调发展不足，这种交通模式延长了新城与中心城之间的时间距离，新城与中心城区通勤时间平均超过1小时，分散了新城核心区对人口、产业的集聚能力，围绕过密站点的土地开发也造成了新城与中心城之间的连片蔓延发展，对新城、对中心城都是不利的（见表7-4和表7-5）。

表7-4 北京新城与市中心轨道交通通勤时间

新城	距内城距离（千米）	到市中心时间（分钟）	站数（站）	平均站间距离（千米）
顺义	45	87	25	1.8
亦庄	29	57	19	1.5
大兴	32	64	19	1.7
房山	40	85	23	1.7
昌平	42	72	16	2.6
怀柔	101	144	25	4.0
延庆	90	139	26	3.5
密云	—	—	—	—
平谷	—	—	—	—
门头沟	—	—	—	—
平均值	54	93	22	

注：北京市中心定为天安门西站，通勤时间与站数仅统计有轨道交通的新城。

表7-5 伦敦新城与市中心轨道交通通勤时间

新城	距内城距离（千米）	到市中心时间（分钟）	站数（站）	平均站间距离（千米）
Stevenage	50	26	2	25
Crawley	51.5	36	3	17
Hemel Hepstead	42	26	2	21
Harlow	37	35	5	7.4
Welwyn Garden City	32.2	16	4	8
Hatfiled	32	22	3	10
Basildon	48	31	5	9.5
Bracknell	48	52	10	4.8

新城	距内城距离（千米）	到市中心时间（分钟）	站数（站）	平均站间距离（千米）
Milton Keynes	72	30	1	72
平均值	45.1	30.4	3.8	—

注：伦敦各新城到中心城区的通勤时间基本在40分钟以内，大部分在30分钟以内。

　　涵养区新城与中心城的交通联系通道不畅，在很大程度上影响了涵养区新城的发展。涵养区新城距中心城区远，缺乏较为便捷的轨道交通，尤其是市郊铁路建设落后，已经建成的S2、怀柔－密云线、副中心线运行也存在很多现实问题，在很大程度上影响了涵养区新城与中心城之间的经济社会联系，阻碍了中心城休闲度假等适宜功能向山区新城的延伸，也不利于新城自身的发展（见图7－5）。

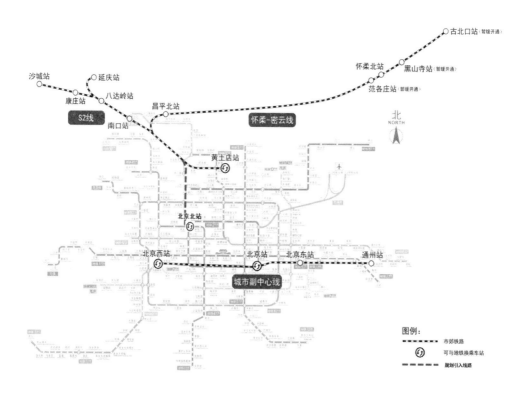

图7－5　北京市市郊铁路建设情况

　　（2）在内部组织上，交通与新城的关系尚未形成良性互动，不同功能空间的便利程度有待加强。在城市郊区，轨道交通除承担郊区到中心城区的快速联通任务外，还有一个非常重要的功能，就是肩负着对新城内部空间优化的使命。目前，轨道交通大的交通骨架并没有和新城的各组团形成良好的协同，以基础设施覆盖率为主的评价体系影响了点对点的实际通行效率。另外，新城交通与沿线开发建设的协调发展不足，交通、产业与用地三者未能实现良性互动，各种交通方式接驳的便利化程度还需提升。各新城围绕轻轨、地铁站周边的土地开发模式单一，重点站点周边均缺乏商业、公共建筑、停车场等社会服务型设施，与国际上成熟的新城差距较大。交通、产业与用地在这些新城中的建设时序安排不当，三者之间的良性互动也难以形成，公共交通尤其是轨道交通对新城功能布局的引导和服务尚不明显，影响了新城部分功能的发挥。

（3）新城道路建设标准也需要根据新理念进行调整。宽马路体现的是以机动车为服务主体的设计理念，而窄马路、密路网理念保障的是人的出行。当道路功能承担了城市功能、街区功能，慢行系统才有可能真正恢复，慢行才能成为交通方式的选择，同时也是生活情趣的体验，从而更具有吸引力。路网的效率不在于宽，而在于结构、密度和交通组织。从道路长度对比来看，东京 173632 千米，北京 43935 千米，东京是北京的 3.9 倍，但是从道路面积来看，北京道路面积 2089 平方千米，东京仅为北京的一半。我们的城市道路建设还要融入海绵城市、智慧交通、绿色低碳等先进理念。

（二）服务上：结构失配造成有效供给不足

伦敦、东京、新加坡等国际大都市新城建设的经验表明，公共服务设施水平决定了新城能吸引到什么样的人群。北京新城大多经历了从工业生产单一功能向生产、生活综合功能的演化过程，先天不足导致公共服务普遍较为缺乏，整齐划一、同质化的供给结构和方式更是加剧了公共服务的缺口，与中心城区存在较大落差，在很大程度上影响了新城的吸引力，"反磁力"作用未充分体现。数量上，目前新城公共服务方面的很多指标都低于全市平均水平。伴随基本公共服务人群全覆盖和中心城区优质公共服务资源的有序转移，优质公共服务设施过度集聚于中心城的局面正在持续改善，但新城仍低于全市平均水平。2018 年，顺义、大兴千人常住人口实有医院床位数分别为 3.31 张、4.23 张，与全市平均水平 5.73 张差距较大（见图 7-6）。房山至今无一家三甲医院，大兴新城 50% 的街道没有社区卫生服务中心，现有卫生服务中心也无法满足基本医疗和公共卫生需求。结构上，供给与需求之间结构性的矛盾仍然不可忽视。由于在公共服务体系配置过程中对区域差异等考虑不足，造成设施资源供需不平衡，加剧了新城公共服务的缺口，在很大程度上影响了新城"反磁力"作用的发挥。例如，调研中发现房山区长阳组团教育资源短缺，主要原因是由于该组团快速城镇化带来的相同年龄阶段、家庭结构的人群集中入住而造成的结构性短缺，这不只是用规划指标人口匹配能够解决的问题（见图7-7）。再例如，卫生、养老等领域，从全市来看，养老设施供给仍然存在缺口，但新城及周边养老设施则利用不足，273家位于新城及周边区域的养老机构入住率普遍不超过20%。公共服务供给存在结构性短板的另一个表现是，随着怀柔科学城、未来科学城等高端功能区主平台的规划建设，新城国际医院、国际学校等优质公共服务供给不足，难以适应新时期首都吸引国际人才的需求。同时，社会力量利用不够充分，鼓励支持社会力量进入公共服务领域的政策不够系统、顺畅，长效机制尚未形成。

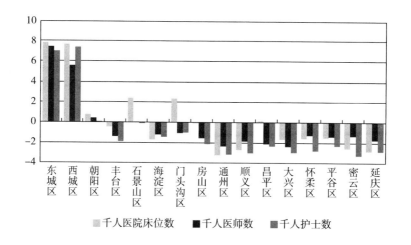

图7-6 各区医疗资源情况

注：纵坐标数值＝各区－全市平均。

资料来源：根据《北京区域统计年鉴》计算整理。

另外，随着医疗、教育中心城区优质公共服务资源的转移，可能会在较大程度上提升新城服务水平，但这些公共服务项目在疏解落地过程中的配套建设及持续性投入资金对于区里来说压力较大，需要对此予以一定程度的关注（见表7-6至表7-8）。

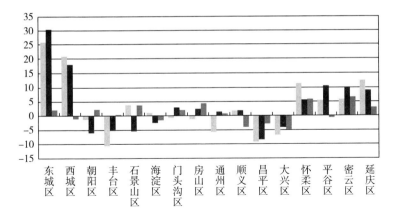

■万人中学专任教师数　■万人小学专任教师数　■万人幼儿园专任教师数

图7-7　北京市各区教育资源情况

注：纵坐标数值＝各区－全市平均。

资料来源：根据《北京区域统计年鉴》计算整理。

表7-6　优质医疗资源向远郊区多点布局（不完全统计）

地区	医疗资源
副中心	已安排友谊医院、安贞医院等市属优质卫生资源向通州区转移发展；规划了首都儿科研究所医院以及北京妇产医院的通州院区建设项目；规划市疾病预防控制中心迁建通州；市疾病预防控制中心迁建通州
顺义	友谊医院顺义院区项目已完成土方施工
亦庄	同仁医院经济技术开发区院区扩建已完成主体结构封顶
怀柔	采取"区办市管"合作模式，由怀柔区政府、市医管局共同委托北京中医医院、北京妇产医院分别管理怀柔区中医医院、怀柔区妇幼保健院
延庆	通过区办市管、托管、医联体、技术合作等多种合作形式，推进北京大学第三医院与延庆区医院、北京中医医院与延庆区中医医院合作办医

资料来源：根据内部资料整理。

表7-7　高等教育资源向远郊区多点布局（不完全统计）

地区	高等教育资源
副中心	中国人民大学通州校区
昌平	沙河高教园区（中央财经大学、北京师范大学等）、北京信息科技大学昌平校区、北京化工大学昌平校区

续表

地区	高等教育资源
房山	良乡高教园区（首都师范大学、北京中医药大学、中国社科院、北京理工大学等）、北京工商大学良乡校区
怀柔	北京电影学院怀柔校区
顺义	北京城市学院
大兴	北京建筑大学大兴校区

除延庆、密云、平谷、门头沟外，各区都有高校布局

资料来源：根据相关研究资料整理。

表7-8　优质基础教育资源进一步向远郊平原地区辐射（不完全统计）

地区	优质基础教育资源
副中心	首师大附中、人大附中、北理工附中、北京二中等
顺义	北京师范大学附属实验中学顺义分校
昌平	清华大学附属中学昌平学校
房山	北京理工大学附属中学房山校区
怀柔	北京第二实验小学怀柔分校
密云	北京密云第二中学
平谷	北京师范大学附属中学平谷第二分校
门头沟	北京市第八中学京西校区

城六区加大对一般学校的精准扶持力度，每个区至少选3所普通校和优质学校合并或集团化办学；启动支持近郊、远郊区办学，帮扶15所薄弱学校

资料来源：根据相关研究资料整理。

（三）品质上：特色不显、品质不高导致吸引力不强

优良的城市品质、丰富包容的人文环境，将有助于提升新城吸引力。理论和实践都已表明，人才偏好高品质的地方，特色不显、品质不高带来的一个直接影响是新城发展对适宜人才的吸引力不足。目前来看，新城的发展还未能提供高品质的城市生活，没有展现出作为首都新城应有的魅力。一是新城特色不够鲜明。新城风貌缺少与文化相协调的整体设计、统筹管控，导致城市建设中一个开发商一种风格，一个地块一个样，没有展现出作为首都新城应有的魅力。二是新城对文化重视程度不够。周口店、琉璃河、云居寺等郊区文化资源的挖掘不够，产业

发展中的文化附加值较弱，尚未形成文化品牌效应。三是新城对生态价值的挖潜不够。除昌平区外，多点各区现状森林覆盖率普遍在30%左右，距总体规划提出的全市45%的总目标仍有较大差距；公园绿地500米服务半径覆盖范围仍存在盲区，公园类型单一、设施不足、郊野公园可达性低；绿水青山没有转化为高品质的休闲环境，难以吸引高端出行需求。四是高品质服务供给能力不足。商圈辐射力有限，服务效益不高①；休闲娱乐设施匮乏。五是管理理念和服务能力有待大幅提升。城市管理粗放，人性化、精细化水平不高。新城内街道、乡村管理并存，部分社区还延续着原有乡村的管理方式；管理职能"碎片化"，跨区域、跨部门问题缺乏统筹，缺乏有效的市民参与和共建共管机制。

（四）空间上：区域节点作用需要提升

（1）从区域整体空间来看，新城是京津冀世界级城市群中的重要节点，但目前的节点作用发挥甚微，特别是对京津、京保石、京唐秦发展轴的支撑引导不够。一是京津冀城市群各城市之间融合度不够。例如，从不同城市之间的交通联系来看，城市之间高铁（包括动车、城际列车）发车频次大于100对/天的只有"北京—天津"一对城市，次一级的节点城市地位不凸显；相比较而言，长三角城市群内有18对城市高铁发车频次大于100对/天，除了上海、杭州、南京等枢纽外，次一级的节点城市也比较突出。二是新城还不足以成为城市群网络中的重要节点。处于京保石轴线上的房山，2017年GDP为682亿元，仅为石家庄的11.04%、保定的19.76%、北京中心城区的3.46%；处于京唐秦轴线上的通州、顺义，2017年GDP分别为758亿元、1716亿元，与唐山的6530亿元也有很大差距；过大的梯度差影响了新城与中心城、京津冀内其他城市之间的要素的传导，影响了跨产业链、价值链和创新链的构建。

（2）从市域整体空间来看，新城对全市功能格局、城乡格局、生态格局的支撑作用不足。虽然平原新城已经成为土地投放的主要空间，但从近年来平原新城的供地空间格局看，六环以内及附近仍然是主战场，新城快速发展过程中亟需重视与第二道绿隔的空间关系，重视新城对全市生态格局的优化，强化新城边界管控意识，谨防出现继续"摊大饼"的现象。第二道绿化隔离地区作为控制中

---

① 首创奥特莱斯虽然销售规模居北京地区奥莱业态第一位，2018年达29.8亿元，但坪效仅4.8万元/平方米/年，远低于内地坪效最高的奥莱业态天津武清区京津佛罗伦萨小镇（8.21万元/平方米/年），与北京市排名靠前的王府井赛特奥莱（6.9万元/平方米/年）、八达岭奥莱（6.69万元/平方米/年）也有一定差距。

心城区向外蔓延和防止新城间连片发展的关键地区，里面却存在着约 318 平方千米的城乡建设用地和约 160 万常住人口，绿化实施率相对较低。同时，新城城镇化率仍然低于全市平均水平，新城在带动城乡一体化发展的先锋作用仍需强化。

三、支撑新城发展的产业发展水平不高

产业是支撑新城高质量发展的最重要动力源，产业发展水平决定了新城的整体发展水平。从总体情况来看，新城产业仍处于转型升级中，低端产业逐步退出，高精尖产业尚在培育，产业整体竞争力不强，各新城主导产业仍不突出。

（一）新城发展效率不高

总体来看，平原新城依赖土地投放和人口增长的粗放型发展模式尚未实现根本改变，整体经济效率不高，尚不能有效承接中心城区适宜功能和人口疏解，距离"首都新增长极"要求差距仍然较大。平原新城占全市 33% 的土地面积，2017 年，依赖占全市 31.2% 的固定资产投资、53.6% 的土地投放①，31.1 万的新增常住人口，创造了全市 18.7% 的经济总量，产出效率明显低于全市平均水平。

一是从新城的内部空间效率来看，新城发展空间分散、效率不高。房山、顺义、昌平、大兴等平原新城的规划面积都比较大，新城和各级各类园区几乎涵盖了平原区可以开发的所有空间，园区和产业地块数量很多、呈现多组团布局，各组团开发建设进度差异较大，空间格局复杂，土地产出效益不高，地均产出要远低于中心城区②。2017 年，平原新城地均产出仅 4.04 亿元/平方千米，不到全市平均水平的一半。以中关村示范区的一区十六园为例，地处平原新城的分园地均产出效率都低于示范区平均水平（108.63 亿元/平方千米），排名最低的大兴园地均产出仅为东城园的 5.9%，顺义园也仅为东城园的 26.6%。数量大、铺开广、重点不突出的建设模式给新城带来很大浪费，是造成空间效率不高、品牌效应不显、凝聚力不强的重要根源，难以形成吸引人口、产业、功能集聚的合力（见表 7 - 9）。

---

① 2017 年，全市成交的 102 块土地中有 51 块位于平原新城，占地面积和规划建筑总面积分别占全市的 53.6%、53.7%。

② 与世界城市相比，中心城区的产出效率也并不高，平原五区地均产出仅为东京、纽约中心城区外围 20～30 千米圈层区域地均产出的 1/3。

表 7-9　2017 年示范区各分园部分经济指标情况

示范区	总收入（亿元）	地均产出（万元/公顷）
海淀园	21610.0	12396.6
丰台园	5104.4	28951.1
朝阳园	5538.9	21220.3
西城园	2877.2	28783.8
东城园	2336.4	38727.7
石景山园	2139.5	16154.3
通州园	799.7	2327.9
大兴园	650.0	2281.7
亦庄园	5026.3	7203.2
昌平园	3954.0	7693.1
房山园	364.1	2314.8
顺义园	1256.0	10399.7
平谷园	134.5	2646.1
门头沟园	219.3	11600.9
密云园	269.4	2691.2
怀柔园	639.1	8988.7
延庆园	107.1	2179.9
合　计	53025.8	10862.5

资料来源：根据《北京区域统计年鉴》、中关村示范区网站计算整理。

　　平原新城是首都发展新的增长极，有 2 亿多平方米建筑面积增长空间，调研中也发现，大兴、顺义、昌平、房山等都有很大的空间资源尚待挖潜，但这些潜在增长空间却都不同程度存在土地闲置、低效利用等问题，都缺乏明确的政策路径，导致可开发土地有限。一方面，集中建设区外减量发展任务艰巨。由于受历史遗留、利益驱动和低成本导向等因素的影响，集中建设区外大量建设用地特别是集体建设用地总量大、布局散、效益低，平原新城地区产业用地中有 2/3 为零散的集体产业用地，经营方式粗放，产业形态以服装食品加工、机械加工等低端业态为主，减量腾退任务非常繁重。另一方面，集中建设区内土地存量更新需求较大。很多历史遗留问题导致大量土地资源闲置浪费、低效开发，土地产权大部分掌握在分散的业主手里，且土地权属关系复杂，在规范园区存量用地有序经营以及土地回收再开发等方面缺乏有效抓手，造成土地转型升级困难，在一定程度上造成可开发土地资源紧张。存量空间更新缺乏明确的政策路径，政府回购再开发土地收储资金压力大，原产权人自主改造受到政策限制，新城空间低端化供给与产业高端化需求矛盾突出。

二是从新城内部空间供给结构来看，新城空间需求复合化与土地利用供给弹性不足存在矛盾，用地结构有待进一步完善。根据纽约、东京等世界城市的土地利用演变在加速城市化阶段和成熟阶段表现出的前期变化剧烈而后期趋向稳定的规律，综合考虑北京及新城所处的发展阶段，需要给新城产业结构转型升级留有足够的土地弹性。创新经济的发展要求产业空间趋向于功能复合化，形成兼具厂房、研发、办公与综合服务功能的社区化产业空间形态，同时还要求弹性灵活的产业空间来应对企业的快速迭代更新。但目前在新城产业空间中多功能用地占比较低①，土地混合利用、弹性用地空间不足，难以适应产业融合发展要求。比如昌平未来科学城由于研发转化的配套工业用地指标偏少，园区基础设施和公共服务配套偏弱、园区体制机制不灵活等原因导致入驻央企相对封闭，科学城辐射带动能力不强，成果转化落地偏弱。目前，针对创新经济发展的趋势，深圳、上海、杭州、东莞等很多城市纷纷出台新型产业用地（M0）政策，通过提高配套比例、容积率等多个维度创新用地政策，例如，M0 创新产业用地通过提升服务配套比例（居住、商业等公共配套建筑面积最高可达 30%），针对性解决产业片区配套欠缺、吸引力不足的痛点。北京也可以梳理总结相关的经验教训，创新新城土地利用政策，提升土地使用效率，倒逼产业转型升级，为筛选优质企业、发展价值链高端的产业做出贡献，同时还要考虑规避地产化、产业流失等问题。

（二）新城产业发展的自我集聚及造血功能不足

一是隐藏在同质化竞争背后的功能化网络发育不足，进而影响了产业要素的进一步集聚。长期以来，为实现各区利益的均衡，全市在资源配置、产业发展、项目投资等方面的均衡化倾向比较明显，大部分平原新城都将新一代信息技术、生物产业、高端装备制造作为主导产业或重点发展的产业，造成了各区在某些领域一定程度上的同质化竞争，产业发展仍有待进一步统筹。事实上，在功能性城市区域成为参与全球竞争基本单元的今天，同质化本身并不是问题，问题的关键在于同质化背后是否有发育成熟的功能化网络。像粤港澳大湾区围绕通信设备、电气机械及器材制造、金属制品、纺织业、交通运输等核心产业形成的功能网

---

① 2015 年，本市开发区土地规划用途为工业用地的占比达 35%，为多功能用地的仅占 7.4%。

络，其中通信设备等电子制造业集中在深圳龙华、观澜、厚街以及惠州等地区，汽车制造业集中在广州花都、佛山南海等地区，电气机械及器材制造业集中在顺德、南海等地区，纺织业等集中在广州增城、东莞等地区，这种同构不但不成为问题，反而由于具有显著的集聚效应吸纳了大量的就业人口，这些功能网络使大湾区在全球竞争中具有了可持续的竞争力。新城产业发展目前存在的主要问题不是同构两个字可以概括的，更重要的是新一代信息技术、生物医药、汽车产业等优势产业集群分工协作不够、功能联系偏弱带来的功能化网络发育不足。

二是促进各种要素高效流动的平台建设相对落后。这包括信息平台、金融平台、物流平台、供应平台、销售平台、人才平台等。需全力打造一批促进功能化网络快速形成的项目和平台，通过集聚、接触、交流，为优秀人才发挥所长创造条件，为产业集聚和创新实现创造可能。

（三）新城企业整合全球资源的能力有待加强

产业竞争力不强的另外一个表现是缺乏具有较强行业资源集聚能力和产业链带动能力的领军企业，即使是区内明星企业，核心竞争力和可持续发展能力也有待提升。位于经济技术开发区的明星企业京东方与同类企业华为相比，无论是增长情况，还是融入全球价值链的程度，都存在差距。优异的经营数字背后是领先的创新能力以及全球价值链的管理能力，它们不仅具有核心技术和产品，而且具备吸纳、整合全球最优资源和引领全球价值链的管理能力，在这方面，新城的企业还有很长的路要走（见表7－10）。

表7－10　京东方与华为经营指标　　　　　　　单位：%

京东方	收入占比	同比增长	华为	收入占比	同比增长
中国	44.22	－2.57	中国	51.60	19.1
亚洲其他	45.57	－0.01	亚太	11.36	15.1
欧洲	3.59	59.57	欧洲、中东、非洲	28.36	24.3
美洲	6.54	98.68	美洲	6.64	21.3
其他	0.07	－14.45	其他	2.04	－7.1
总计	100.00	3.53	总计	100.00	19.5

资料来源：根据2018年京东方、华为企业年报计算整理。

（四）新城重点功能区对新城产业发展的带动作用不强

目前，重大功能区与新城融合发展的力度不够，新城产与城发展相对独立，怀柔科学城、未来科学城等重大功能区仍然存在相对封闭、与新城融合不够等问题，产城、港城、校城、"科学＋城"互动融合机制还需要进一步统筹和探索。例如，在调研中发现，经济开发区文化教育、公共卫生、公安、城管等社会职能权限授权不足在一定程度上影响了产业竞争力和对人才的吸引力，特别是在扩区的背景下，未来的开发建设管理都面临较大挑战。昌平未来科学城与新城的融合程度也非常弱，目前未来科学城入驻央企相对封闭，科学城辐射带动能力不强，成果转化落地偏弱，扩区的各功能区之间需要进一步整合。造成这些问题的原因有很多，研发转化的配套工业用地指标偏少，园区基础设施和公共服务配套偏弱、园区体制机制不灵活等都有影响。顺义、大兴临空经济区及其港城融合也需要进一步深化，国家发展改革委和民航局联合印发了《关于支持首都机场临空经济示范区建设的复函》，后续需要以体制机制创新和扩大航空服务开放为突破口，研究放大服务业扩大开放试点及 144 小时过境免签等政策效应的举措，为全面打造港城融合的国际航空中心核心区创造条件。

四、新城实现高质量发展的制约因素亟待破解

（一）对新城地位的认识与功能定位的要求尚不匹配

对新城与中心城的关系理解不透彻，新城建设没有随新城功能定位而发生整体性、根本性转变。从理论层面来看，伴随世界城市体系的演化，城市群特别是世界级城市群内各城市之间"中心—外围"的主从关系已经开始向不同等级"节点"的弹性互补关系转变；核心城市从吸纳外围能量的"黑洞"向呼出城市生命力的"虫洞"转变。新城作为京津冀城市群中的重要节点，作为承载首都功能的重点地区，发展不应再延续卫星城与中心城"父子"式的、按照行政层级界定的发展关系，而是要在城市群网络化功能配置上构建"兄弟"式的城市发展功能体系，新城要实现与中心城产业链、价值链和创新链的互联互通，共同在全球城市网络中承担节点功能。

从重大项目部署来看，没有下决心将重大功能、重大项目、重大活动等吸引点引向新城布局，无论是市场还是行政手段配置的优质资源，仍然过度集中在中心城，配置在新城的仍是次一级或新生资源，导致新城在要素集聚上先天不足，无法为中心城功能转移和高端功能的集聚提供更好、更优质的平台，更没有形成对中心城的"反磁力"系统。中心城区仍是京交会、港交会等重大国际展会、重大科技活动、重要体育赛事，金融等高端服务业，国际国内各大公司总部的聚集地，重大功能、重大项目、重大活动等吸引点向新城布局的力度还需继续加大。

（二）引导新城高质量发展的资源配置政策机制尚待完善

从全市资源配置的政策机制导向来看，多年来，市级统筹、疏解承接等体制机制还有很多需要破题，目标同向、措施一体、利益共享的分工合作新机制亟待完善。与中心城区相比，新城在地理位置、基础设施与公共服务方面存在劣势，强化市级统筹的同时还需要制定土地、投资、人才、产业等有针对性的政策来形成新城的吸引点，强化对资源、要素的吸引。

在此过程中，尤其需要持续创新疏解承接机制。虽然北京已搭建了疏解整治促提升专项行动统筹调度平台，出台了相关配套政策，但市区共同推动工作的力度仍需继续强化，全市统筹机制仍需要健全。目前腾退空间总量规模大，从空间腾退到有效再利用周期长，造成成本不断增加，社会矛盾有所积累；腾退空间的再利用涉及用地性质、规划用途调整等问题，缺乏明确的政策指向，在具体项目实施层面更面临消防审批、施工许可、工商注册等手续办理上的障碍，疏解、整治、提升相关政策的系统性也需要增强。

（三）引导新城差异化发展的配套政策机制需要完善

目前，新城发展仍然存在特色不突出、产业同构、布局分散、产出效率低的问题。比如，有6个新城的经济开发区主导产业为汽车及零部件产业；中关村房山园15平方千米分散在7个片区，产业联动性较弱，管理主体较多，其中两个片区由乡镇代管。大部分新城尚没有形成产业核心竞争力。生态涵养区发展冲动仍然较强，没有脱离以产值、税收等为主要评价指标的传统考核方式，绿色发展指标体系尚未建立。需要研究实施差异化的人口调控、能耗水耗、资金投入、土地供应等要素配置政策，强化高端功能区对新城差异化发展的支撑带动作用，多措并举引导新城差异化发展，引导形成首都核心功能更加强化、各圈层资源配置更加协调、各新城发展特色更加鲜明的良好发展格局。

第四节　新城发展面临的新形势和新要求

世界处于百年未有之大变局，中国处于近代以来最好的发展时期，北京处于实现高质量发展的关键时期，产业结构深度转型，发展模式逐步转变，空间结构逐渐调整，城市规划建设管理模式也在发生一系列变化，减量发展、绿色发展、创新发展成为首都追求高质量发展的鲜明特征。在各种转折的"十字路口"，新城作为重要组成部分，也步入了新的发展阶段，面临深刻变革。

一、"百年未有之大变局"赋予新城更大的责任和担当

在社会生产过程中，谁在生产分工中处于支配地位，谁就在利益与权力分配中处于主导地位，并在相当程度上决定着社会形态和秩序。因此，谁主导国际/全球分工体系，谁就能从国际生产过程（当今的跨国价值链）中获得更大的分配利益，就可能在国际权力关系中占据支配地位，影响国际制度或全球治理。也就是说，一个国家在世界权力格局中的地位，是根据它在国际分工体系中的地位来衡量的，而 GDP（包括人均 GDP）、PPP（购买力平价）等都不足以体现。世界秩序建立的历史也证明了这一点，英国、美国之所以能够塑造世界秩序，是因为它们具备了引领国际分工的能力。

"百年未有之大变局"意味着世界发展格局正在重新调整，这给予了从"富起来"到"强起来"的中国一个重大的历史机遇。中国要提升塑造引领国际分工的实力，从国际分工的中低端走向中高端，这一实力过去常以金融控制形式呈现，而现在则更多地依靠技术控制形式实现，未来，中国必须在科技发展上创造中国优势。作为首都和全国科技创新中心的北京，代表中国在激烈的全球竞争中占据全球竞争制高点自然成为北京的历史担当。为加快建设具有全球影响力的全国科技创新中心，北京明确提出要以"三城一区"（中关村科学城、怀柔科学城、未来科学城、创新型产业集群和"中国制造 2025"创新引领示范区）为主平台，辐射带动多园优化发展的科技创新中心空间格局，推进更具活力的世界级创新型城市建设。

位于新城地区的怀柔科学城、未来科学城和经济技术开发区，必将迎来更多的发展机遇，承担更大的发展责任。需要着眼全球产业发展趋势，集聚"四个中心"功能特别是全球资源配置能力的功能；需要着眼于服务企业巩固营商环境改革取得的成果，为企业营造良好的产业生态，在中美贸易战的大背景下，加强全球化本土企业的合规体系建设和文化培育，强化本土企业的全球竞争力；需要提高政策的精准度和针对性，加快适用人才特别是国际化人才集聚，实施人才驱动创新战略。

二、京津冀协同发展战略和建设"世界级城市群"的目标赋予新城发展更宽广的空间视野

在全球化背景下，城市竞争不再是城市与城市之间的竞争，而演变成以城市群、巨型都市区域等为代表的城市区域之间的竞争，巨型都市区域在打破行政界限的藩篱、整合区域经济与环境功能方面的重要性逐渐引起了各界的重视，正取代都市区成为 21 世纪参与全球竞争的基本单元，同时也将成为政府投资和政策制定的新的空间单元。

《京津冀协同发展规划纲要》提出，要将京津冀整体打造成以首都为核心的世界级城市群。发育成熟的城市群，具有巨大的整体利益，通过大城市的深度拓展与中小城市的强势整合，通过不同等级城市之间密切的经济联系，共同构建网络化的空间结构。然而，受历史、地理、经济、政治等多方面影响，京津冀地区的城市群发育还不够成熟，地区内部差距巨大，仍然是比较典型的"中心—边缘"结构，这不仅限制了核心城市对大中小城市的辐射带动，也不利于城市之间产业和创新的传导，影响了跨区域产业链体系的构建。

要破解这种困境，新城作为连接首都核心与河北、天津城市之间的重要节点，可以大有作为。北京新城及地区，已经成为首都面向区域协同发展的重要战略门户，是京津、京保石、京唐秦三个产业发展带和城镇聚集轴上的重要节点，是承接中心城区适宜功能、服务保障首都功能的重点地区，肩负对内承接、对外辐射带动的多重职责。在京津冀协同发展进入滚石上山、爬坡过坎、攻坚克难的关键阶段，新城高质量发展必须立足于京津冀协同发展的大背景，按照首都功能区域优化的整体要求，站在构建京津冀城市群网络节点的角度，加强区域联动和合作发展，培育优势特色产业。需要增强京津、京保石、京唐秦、京雄发展轴集聚作用，促进人流、物流、交通流、信心流、资金流的有序流通，建设功能清晰、分工合理、特色鲜明、协调发展的新城体系，打造首都功能新载体。需要处理好新城与"两翼"的关系，在功能承接、交通联系、资源配置、产业连接、人才流动等方面，加强合作，错位发展，形成对优化提升首都功能的共同支撑。

三、落实城市总体规划赋予新城发展新的功能定位和任务清单

虽然通过实施产业禁限目录、"疏解整治促提升专项行动"等诸多手段，首都功能疏解已经取得了显著成效，新城作为首都人口"反磁力"中心、作为首

都空间增长主战场的态势和作用都开始显现，但并未根本改变功能高度集聚在中心城的格局。北京新城是在卫星城的基础上发展而来的，《北京城市总体规划（2004年–2020年)》虽然提出新城具有相对独立、功能完善、环境优美、交通便捷、公共服务设施发达等特点，但从发展模式和路径来看，新城暂时还没有摆脱卫星城的发展轨迹，新城要形成与中心城共同支撑首都城市功能的格局，还有很长的路要走。

"四个中心"的功能定位是首都北京的本质特征，也是这座城市发展的核心价值所在。落实"四个中心"的定位，不仅是中心城的任务，包括新城在内的全市各区都要自觉把落实城市战略定位作为发展的主题，紧紧围绕增强首都核心功能做好各项工作。《北京城市总体规划（2016年–2035年)》为落实"四个中心"的城市战略定位、疏解非首都功能、促进京津冀协同发展，提出在北京市域范围内形成"一核一主一副、两轴多点一区"的城市空间结构，同时提出北京城市副中心和河北雄安新区将形成北京新的"两翼"，试图通过市域和区域两个层面的努力，改变北京城市单中心集聚的发展模式，构建新的空间发展格局。

作为空间格局中"多点一区"的新城及地区，总规已经给出了明确的功能定位，将成为未来全市人口增长、空间调整和功能重塑的潜力空间，各区分区规划也将总规中确定的定位进一步细化落实。为更好地肩负与中心城区共同支撑首都功能的要求，需要推动新城特别是平原新城大力承接中心城区疏解的适宜功能和产业，通过植入重大功能性项目，改善基础设施和公共服务条件，显著提升城市品质，增强城市吸引力，为产业转型升级和高质量发展营造良好环境，形成既与中心城区融合发展又相对独立、特色突出的新城。需要深刻理解并落实总规对平原地区和生态涵养区差异化的定位和发展要求，提高平原新城的综合承载能力，构建"反磁力"中心，打造新的增长极；生态涵养区要充分体现"绿水青山就是金山银山"的理念，处理好"发展"与"保护"的关系，将保障首都生态安全作为主要任务，更加注重绿色发展、创新发展，依托良好的生态资源和环境条件，建设绿色发展典范，真正落实多点支撑和一区生态涵养的功能。需要加强城乡统筹，增强新城对全区的辐射带动能力，强化新城与区内重要城镇功能组团联系，培育一批功能性小城镇，促进区域新型城镇化发展。

四、实现首都高质量发展赋予新城发展新的动力和更丰富的内涵

城市发展重生产、轻生活、轻生态导致的"城市病"已经严重影响了城市的和谐宜居。党的十九大报告指出，我国社会主要矛盾已经转化为人民日益增长的美好生活需要和不平衡不充分的发展之间的矛盾。北京正在深刻转型，为适应减量发展、绿色发展、创新发展的要求，要努力探索与"减量"发展相适应的发展模式，倡导"精明增长"，鼓励紧凑、混合开发和弹性多元共治；要积极探索依靠创新、人才驱动的高效型增长模式；要努力在治理污染、改善环境、提升品质、塑造特色等方面下更大力气。

新城作为首都实现高质量发展的重要突破口，将成为首都发展动力转变的生动实践。一是软实力的提升将成为新城高质量发展的必然要求。伴随重要功能区在新城的规划建设，创新将成为新城未来发展的主要动力，未来新城与新城之间、新城与其他城市的竞争将不再仅局限于基础设施、税收补贴、经济区位等，而更强调基于高水平治理的制度、创新、文化等城市软实力。二是全面提升新城城市发展品质，是满足人民日益增长的美好生活需要的客观要求，也是新城集聚创新型人才和高端要素，实现高质量发展的必要条件。国际都市圈发展的轨迹表明，以服务市民、注重市民获得感为基本出发点的精细化管理和服务是成功的关键。三是人才竞争将成为新城发展成败的关键。人才是决定知识、技术密集型产业发展的首要因素。在过去的城市发展过程中，哪里有工作，人就向哪里集聚，是人口追逐就业；而现在的趋势是哪里吸引人才，机构就设在哪里，是就业追逐人口。北京新城的未来发展，需要始终坚持以人为本的发展理念，加快首都核心功能适用人才特别是国际化人才的集聚。

第五节　实现北京新城高质量发展的思路及措施建议

面对新形势新要求，推进新城高质量发展要以落实北京城市总体规划为统领，紧紧围绕新城功能定位，以供给侧结构性改革为主线，以差异化引导、功能化发展、品牌化战略为原则，坚持问题导向和目标导向相结合，以提高新城综合承载能力增强新城吸引力、以推动产业高质量发展提升新城竞争力、以创新机制激发新城发展活力为突破，发挥好"多点支撑"的功能作用，打造首都高质量发展的新增长极。

一、切实提高新城综合承载能力，增强新城吸引力

充分发挥规划的战略引领和刚性管控作用，统筹新城生产、生活、生态空间，紧紧围绕与新城功能定位相适宜的人和企业需求，通过补齐短板、优化结构、提升水平、改革创新，切实提高新城综合承载能力，为新功能、新要素、新项目落地创造条件，有力支撑新城高质量发展。

（一）坚持减量集约高效，充分释放新城空间发展潜力

（1）强化分区差异化管制。强化新城"两线三区"空间管控，坚守环境、生态、用地、建筑规模、人口、资源、能源等方面的底线要求。集中建设区加强集约高效发展，优化功能结构。限制建设区实现"减地增绿"，推动集体建设用地腾退集中。生态控制区实行正面清单准入制度，严格控制各类建设活动对生态空间的占用和扰动，强化生态底线管理，加强生态保育和生态建设（见图7-8至图7-10）。

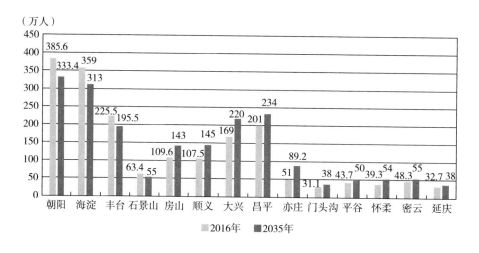

图7-8 2016年和2035年人口情况

资料来源：分区规划指标汇总表。

（2）加强对相邻地区和发展轴线的统筹协调。加快分区规划落地实施，优化调整指标分配，在海淀和昌平、怀柔和密云、石景山和门头沟等具有共同产业基础和发展方向的相邻区，加强要素整合和互补协作，在指标分配、职住空间布局等方面整体考虑。将用地指标优先配置于发展轴线和重要发展节点，引导发展

轴线上各城市组团功能互补和联系，形成沿主要交通廊道要素高效流动、组团高效对接、职住梯度平衡的格局。

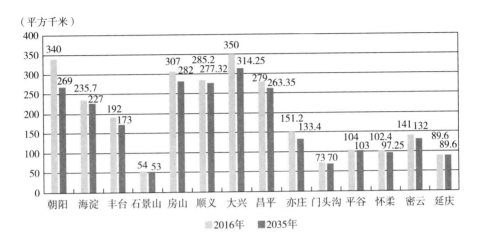

图 7 - 9　2016 年和 2035 年城乡建设用地情况

资料来源：分区规划指标汇总表。

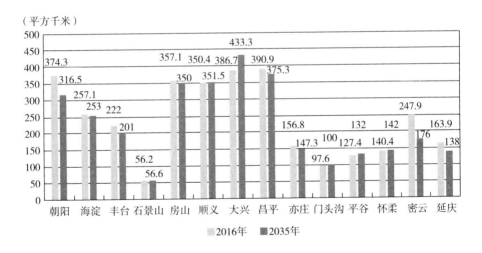

图 7 - 10　2016 年和 2035 年建设用地情况

资料来源：分区规划指标汇总表。

（3）完善新城土地开发机制。合理划分规划实施单元，探索在规划总量控制的基础上，实施区内跨项目、跨街区平衡，整体核算区域开发成本和收益，形成区域综合平衡机制。鼓励以先供先摊方式，落实土地收益统筹，土地收益优先用于新城基础设施建设。完善园区内产业用地土地开发成本的分摊规则，按照引入产业的类型确定差异化的土地成本分摊（权重）比重，在确保土地成本区域整体平衡的基础上，适度降低存量产业用地的分摊成本。实行经营性用地全生命周期管理，将用途管制、项目建设管理、业态功能、节能、环境等承诺纳入土地使用合同，健全并实施动态监管和定期评估制度，实现土地使用期内的精细化管理。

（4）盘活利用闲置低效用地。一是对减量过程中产生的建设用地结余指标，在各区范围内统筹使用。创新减量化异地置换政策，以集体建设用地减量化置换集中建设区高品质物业。二是完善疏解腾退用地利用政策，对疏解腾退后的建设用地，支持用地性质兼容与转换，鼓励公共服务设施和经营性设施复合集约设置，提高多功能用地比例。严格控制拆占比、适度控制拆建比，鼓励原国有土地使用权人通过协议出让、补缴政府土地收益、一次性招标等方式对存量自有用地进行合理再利用。在符合规划的前提下，可按照新规划以协议方式办理土地有偿使用手续。对于按照新规划无法原地改造升级的，可与当地政府协商置换至指定规划区域。对于通过盘活存量自有用地的项目，可通过协议租赁方式供应土地，也可在补缴政府土地收益时分期缴清，缓解实施主体一次性缴纳政府土地收益造成的资金压力。三是积极推进乡镇统筹利用集体产业用地政策，鼓励各乡镇开展以集体土地使用权入股、联营试点、建设租赁住房等方式，加强农村集体建设用地统筹利用。充分利用集体土地建设租赁住房政策，支持周边地区为园区建设配套住房，促进园区职住平衡。

（二）立足连通快捷便利，发挥交通对城市发展的引导作用

（1）适应城市出行结构特征，大力发展市郊铁路，优化新城与中心城快速交通联系，改善市民出行体验。

激活、用好既有铁路闲置资源发展市郊铁路，构建平原新城—中心城"半小时轨道交通圈"，在为城市提供宝贵公共交通通道资源的同时，进一步优化交通出行结构，引导绿色出行，并结合分区规划围绕市郊铁路站点高密度开发，推动"铁路资产"变为"城市资源"，"城市背面"变为"发展高地"，增强新城的吸引力。

按照区域快线（含市郊铁路）线网规划明确的发展方向和任务要求，推动普速铁路从原来服务于中长途客流向服务城市内部交通需求转变。昌平区，加快

实施怀密线引入清河站和北京北站、S2 线差异化运营、东北环线，推动建立快速通勤通道。房山区，抓紧研究论证市郊铁路京原线、副中心线西延，实现与中心城快速交通联系，并进一步释放沿线旅游资源。大兴区，研究推动利用京九铁路、京雄城际等既有铁路资源开行市郊列车。顺义区，利用京承线开行市郊列车，加快推动前期工作，2020 年全面实施。亦庄，抓紧研究论证市郊铁路亦庄线，进一步推动运输结构调整。

（2）加强骨干通道建设，打通一批交通断点，推动一批存量项目"提级达标"，进一步提升路网可靠性和通行效率。房山区，打通京良路西段，与五环路实现互通，新增一条西南方向的进城通道。顺义区，加快推动京密路快速化改造工程，进一步缓解首都机场高速路交通压力，提升重大外交外事活动服务保障能力，未来与规划京密高速相连，推动北京东北区域整体协同发展；加快实施通怀路，形成一条贯穿本市东部新城的纵向联络通道，进一步增强与城市副中心快速交通联系。昌平区，打通林萃路断点，进一步完善进出中心城骨干路网结构；加快实施京藏高速疏堵工程，有效缓解高峰时期交通拥堵问题；加快推动北清路快速化提及改造工程，新增一条串联海淀山后地区、未来科学城、顺义空港产业区等重点功能区的交通通道。大兴区，打通公安大学断点，新增东环路—马西路南延—槐房西路—西单北大街的进城通道；加快实施柳村路及其南段，形成兴华大街—柳村路南段—柳村路的南北贯通通道。

（3）进一步完善新城内部交通体系，全面提升交通供给质量与效率，为市民提供更好的出行体验。打通一批交通断点，消除铁路、公路、河道对城市空间的分割；完善区域路网结构，加大次干路、支路建设力度，进一步畅通区域微循环，新城老城区结合城市更新加密路网，推动腾退代征道路用地和城市道路建设管理工作，解决道路建设管理存在的建而未交、有路无名、有名无牌等问题，提高城市精细化管理水平，新建区路网密度达到 8 千米/平方千米；保障慢行路权及通行条件，通过优化交叉口设计，减少机动车与慢行交织点，增加行人过街停留岛，保障二次过街安全，规范交通秩序，营造安全舒适的步行自行车出行环境，引导绿色出行。

（三）着眼补缺口提品质，切实提高新城公共服务有效供给水平

（1）逐步补齐公共服务缺口。对标北京城市总体规划、分区规划要求，立足新城未来发展的产业和人口需求，明确近期、中期、远期提升目标。市区共同研究制定新城公共服务需求清单，结合新城实际，加强市级统筹，有序引导中心

城区的教育、医疗、养老等优质公共服务资源向新城精准转移；加快补齐基层医疗、基础教育缺口。通过承接中心城资源疏解、加强公共服务专业人才配备、提高公共服务社会化水平等手段，尽快补齐教育、医疗等公共服务短板，缩小与中心城区之间的差距，逐步实现规划目标①。一是鼓励和引导公共服务优质资源向新城疏解转移。教育领域，积极争取与中心城区优质中小学通过名校办分校、一体化办学、集团化办学等形式，扩大优质教育资源覆盖面，提高教育服务质量。医疗领域，加强优质医疗资源与各新城属地医疗资源合作，争取通过合作办医、结对帮扶、托管等多种形式，在业务管理、人才培养、技术输出、帮扶等方面促进区级综合医院、中医医院、妇幼保健院等提高服务能力和水平，提升公共资源服务保障和支撑区域发展能力。养老领域，研究在新城布局"医疗 + 养老"联合体，将优质医疗资源疏解与建立医养联合体同步统筹布局，鼓励各类养老机构与各级医疗卫生机构开展多种形式的协议合作，建立医疗养老联合体（见图7-11至图7-13）。二是加强公共服务专业人才配备。对到新城轮岗、挂职、交流的医护人员、研究人员、教师等专业技术人员及公务员在职称聘用、职务晋升

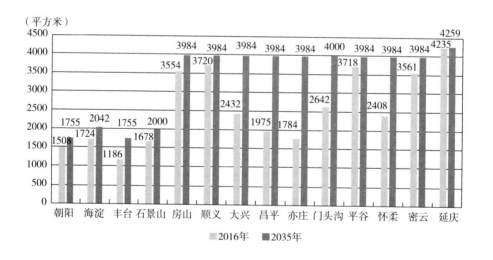

图7-11　基础教育设施千人用地面积缺口

资料来源：分区规划指标汇总表。

---

① 到2035年，5个平原新城基础教育设施千人用地面积达到3984平方米；除房山外，其他平原新城千人卫生医疗机构床位数达到7张（房山6.5张）；除房山外，其他平原新城千人养老机构床位数达到9.5张（房山10张）。

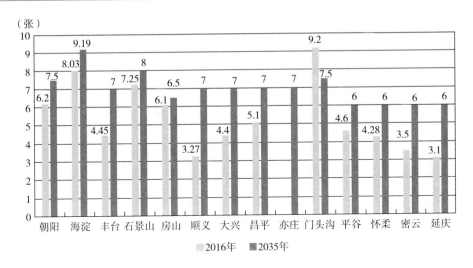

图7－12　千人卫生医疗机构床位缺口

资料来源：分区规划指标汇总表。

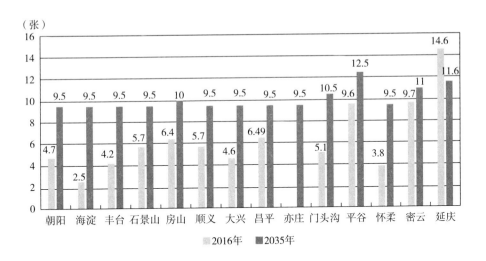

图7－13　千人养老机构床位缺口

资料来源：分区规划指标汇总表。

等方面给予优先政策。三是不断提高公共服务的社会化水平。着力破除歧视性限制和隐性障碍，引导社会资本进入医疗、教育、养老等领域。

（2）加强供需匹配，提高新城公共服务有效供给水平。完善公共服务指标配置体系，探索构建基于年龄结构、职业差异等差异化设施配置标准。大力发展生活性服务业，实现新城"一刻钟服务圈"全覆盖，不断提高居民生活便利性。为提升"三城一区"和"双枢纽"临空经济区、双高教园区等创新发展高地对高端人才的吸引力，高标准配套教育、医疗、文化、生态、休闲娱乐等多元化优质公共服务，探索优先配置新增高端国际教育机构，适度放开医疗外资管制等举措。

二、扎实推动产业高质量发展，提升新城核心竞争力

充分发挥"三城一区""双枢纽"临空经济区、双高教园区等创新发展高地对新城的辐射带动作用，优化要素配置，转变发展方式，助推转型升级，促进融合发展，以产业高质量发展提升新城核心竞争力为抓手，不断强化新城在区域中的节点作用。

（一）优化新城资源要素配置，提升新城产出效率

（1）加强产业准入门槛管理。在新增产业禁限目录的基础上，研究制定新城重点园区产业准入门槛，在创新（研发投入、创新成果产出、交易和转化等）、效益（投资强度、地均产出、人均产出）、绿色（单位能耗、水耗、污染物排放、容积率、绿地率和非生产性用房用地占比）、开放合作（海外高层次人才人数、产业链合作）等方面制定标准，并建立动态调整机制，对达不到相应标准的企业及时淘汰退出。

（2）创新产业招商模式。立足各新城和园区特点和优势，按照"龙头企业拉动，配套企业跟进，产业集群发展"的思路，通过实施产业链招商，形成"滚雪球"式的集群效应，强化产业功能网络联系，有效提高核心竞争力。一是依托公共资源集成与整合能力，开展定制化招商服务，提升创新服务能级。在招商初期与重点企业开展政策、空间及环境的精准对接，实现资源的有效匹配，吸引优质企业入驻。二是依托核心企业引导产业链联动招商。选定片区发展主导产业，通过完善产业链的薄弱环节，构建更加长远、稳定的产业链体系，有针对性地开展联动招商，推动形成产业集群。三是发挥个性化优惠政策优势。针对品牌和核心竞争力强的企业，制定"一企一策"式的个性化优惠招商政策，推动企业落户新城。

全产业链招商

江苏泰州生物医药高新技术产业园区，由于从最初便立足于全产业链发展，走产城融合之路，按照生物医药城的思路进行规划，因此，经过 10 余年时间，这里不仅建成了国内一流的生物医药产业园，汇集了多家国际知名的生物医药企业入驻，集聚了从研发、生产到展示、营销的各个环节，而且在这座泰州新"城"中还建有中外合作大学、高档社区，甚至在建园之初，就引进了星巴克。由此可见，按照创新活动需求，围绕完善创新体系、集聚创新资源、打造创新平台，遵循"宜业宜居—创新创业—产品产业"的发展脉络，规划建设并优化功能布局，才是培育以产兴城、以城促产、产城协调发展的创新环境的应有思路。

郑东新区在建的创新创业综合体，包括中原金融产业园、信息电商产业园、创意岛孵化园等九个园区。这些园区的规划建设虽然以产业项目为主，但并非只具备单一的产业功能，而是立足于"综合体"的理念，将各种配套功能内置到园区中。中原金融产业园拿出 1/4 的地上建筑面积，自建约 5 万平方米的人才公寓、商务会议中心和综合配套；信息电商产业园地上建筑的配套面积与产业面积接近 1∶3，布局组团办公区、生活服务区、综合配套区、中心景观共享区。这种多功能综合体，真正契合了创新创业、高端服务业等对环境的需求，使人才留得住、资本愿意来，产生了有利于开发区发展的高效益。

杭州经济技术开发区打通上下游产业链，打造大健康产业集群。据统计，全球前十大药企中，已有一半在杭州经济技术开发区投资。目前，开发区正在打造成集生物制药产业上游研发智库、中游智能制造以及下游智慧医疗于一体的产业小镇，并以产业服务生活为核心理念，打造中国生物医药产业产城融合示范区的"杭州东部医药港小镇"，已被列入杭州市特色小镇。

昆山把一台笔记本电脑拆开，里面 1000 多个主要零部件，按照"缺什么补什么"的原则，一个环节一个环节地进行招商，持之以恒，招来的企业数越来越多，规模越来越大，档次越来越高，同时产业链也越拉越长，形成了庞大的 IT 产业集群。产业链招商让昆山市招商引资站到了很高的层次，具备了很强的竞争力，产生了令人羡慕的"葡萄串"效应。

重庆市从主攻产业链条关键环节入手，在笔记本电脑产业链条中，按照"整机＋零部件"的产业组织模式，相继招引惠普、宏碁、华硕、东芝等一大批国际知名品牌商和代工巨头，创造出上中下游产业垂直整合、同类企业集聚共生、制造业与生产性服务业融合的集群发展模式。

（3）创新人才吸引政策。优先在新城探索、落地实施多样化的住房保障政策，支持新城人才公寓、国际化社区建设。探索新城产居联动的人才政策，对符合新城功能定位的人才，在"居转户"、购房资格等方面给予倾斜性政策①。探索建立园区与周边住房定向供应机制，通过"先租后售""双定双限②"等集聚适用人才。探索在子女入学、医疗保健、出入境管理等方面针对适用人才的倾斜性政策和服务。

（4）提升园区管理服务水平。创新管理体制和运行机制，逐步建立统一、规范、高效的管理体制。通过中关村、开发区等成熟园区品牌、运营和管理模式输出，引入富有全球竞争力的专业化管理团队等多种举措，提升新城园区的管理水平。统筹市区两级政策和服务资源，以各类园区为载体，打造集产业政策宣贯、信息发布、供需对接、问题协调、咨询服务等功能于一体的专业化公共服务平台，提供专业、个性、精准的信息、金融、物流、供应、销售、人才等全链条服务。

（5）优化新城营商环境。以建设服务型政府，进一步提高服务企业能力和水平为核心，以法治化、国际化、便利化为导向，持续优化营商环境，为推进产业高质量创造良好的发展环境。以"服务包"承诺兑现破解企业发展难题，建立"管家式"统筹服务工作机制和"全生命周期"服务长效机制。以"政策包"措施落地优化企业营商环境，推进服务业扩大开放先行先试，将企业投资项目承诺制推行到新城中关村园区。研究解决企业因跨区产业转移、异地经营、一企多址等情况引起的税收分享、产值分计等问题。

（二）推进重点功能区与新城融合发展，提升新城发展能级

加强新城与重点功能区的双向联系，畅通要素联动流通，优化功能一体配

---

① 2018年3月，《上海加快实施人才高峰工程行动方案》提出，13个科技领域的人才及其家属可直接落户上海。2018年8月，上海公布的《2018年非上海生源应届普通高校毕业生进沪就业申请本市户籍评分办法》显示，以北京大学、清华大学为试点，探索建立对本科阶段为国内高水平大学的应届毕业生，符合基本申报条件即可直接落户的绿色通道政策。2019年8月，《中国（上海）自由贸易试验区临港新片区总体方案》中提出，在上海自由贸易试验区新片区，人才居住证转户籍年限从原来的7年缩短到5年，核心人才进一步缩短到3年。同时，外来人口买房资格从社保或个税需要缴纳5年降至缴纳3年，购房资格从原来的居民家庭调整为个人。

② 双定是限定区域和对象，双限为限定价格和年限。

置，增强相互支撑发展能力。

一是完善重点功能区的城市功能。转变将重点功能区仅定位为科技、港口、教育等单一功能载体的观念，实现由"产业基本单元"向"功能基本单元"转变。一方面，积极争取会计、广告、法律、管理咨询和金融等产业的进一步集聚，不断完善产业发展相关的生产性服务业。另一方面，要顺应后工业化时代产业转型和结构调整的方向，着眼满足就业人群日益增长的美好生活需要，促进商业、休闲娱乐、健康养生、文化创意等生活性服务业发展，营造优质"软环境"，留住人才、扎根新城。

二是发挥重点功能区对新城的辐射带动作用。一方面，聚焦重点承载空间，集成各类政策优势，抓住具有全球引领和管控作用的关键环节，提升重点功能区产业发展的内生动力和核心竞争力。昌平、亦庄和顺义围绕"三城一区"建设，承接创新产业及科技金融产业，推动传统制造向智能制造转型升级。大兴和顺义抓住两大国际机场发展契机，承接空港经济，促进港城融合，尽快启动新国展二期、三期建设，在大兴机场临空经济区规划建设大型会展展馆，大力发展国际会展业。房山和昌平聚焦良乡和沙河大学城，承接科教新区建设，实现产、学、研、用一体化发展。另一方面，统筹各新城产业基础和空间资源，建立与"三城一区"的对接转化机制，促进要素流通和融合发展，培育形成研发、中试、规模化生产等一体化链条，推动科技成果转化落地产业化，促进产学研用一体化。

三是以重点功能区为支撑打造高精尖产业走廊。一方面，通过搭建科技产业链合作机制，推动"三城一区"分工协作、协同发展，实现园区差异化、特色化、链条化发展。昌平对接中心城区的科研、服务和人才资源，把握基础科学研究与企业生产之间的中间环节，形成创新驱动、高端引领、绿色低碳的产业发展格局；亦庄、顺义以技术创新为核心，重点发展集成电路、智能制造、节能环保、新能源等高精尖产业，建设具有全球影响力的创新驱动发展前沿阵地。另一方面，以"三城一区"为主要支撑，加强多点地区与中心城区、城市副中心、一区之间以及多点各区的协同作用，在海淀山后—昌平—怀柔—密云北部、房山—大兴—亦庄—通州南部等基础条件具备的地区，创新科技园区、高等学校、科研院所、企业多元化合作机制，营造创新创业生态，延伸创新链、产业链和园区链，构建集人才培养、应用研究、研发孵化、产业制造、科技服务为一体的全域创新空间体系，打造全市高精尖产业走廊。

纬一科技园的深度产城融合

纬一科技园占地2平方千米，位于新加坡科技走廊的核心。纬一科技园周边包括新加坡国立大学、新加坡理工学院、新加坡国大医院、居住区和新加坡科技园的研发区。纬一科技园是新加坡第一个产城紧密融合的产业组团，打造工作、居住、游戏和学习的共融空间，以PPP模式开发，JTC作为代表政府方的战略伙伴，主导20%的开发，其他80%由私人企业来开发。纬一科技园规划的四个重要策略包括：①深度混合开发（横向——用地和纵向——不同楼层多方位混合）。②无缝连接（完全开放式设计，紧邻两个主要地铁站，园区内部步行200米可到达公交站点，并有高速网络连接）。③不断更新（通过"白地"用地性质归类，灵活应对市场需求）。④独特个性（通过对现状地形、树木和有历史价值建筑的保留，塑造园区特色）。目前纬一科技园的开发已经进入第二阶段，最新的项目Launchpad已经吸引了500个创业企业和2000名高端人才入驻。

阿姆斯特丹机场航空城

1998年，阿姆斯特丹机场向全球推广了"机场城"理念。机场不再只是航班起降的场所。它是一座城市，一座"机场城"，里面拥有能在都市里面找到的所有设施。而且机场应该是多重运输方式并存的运输网络枢纽，那里人们、企业、物流、零售、信息和娱乐等实现有机结合，共同创造出一个整体。

阿姆斯特丹机场航空城是世界上航空城建设的典范，是全球最早规划建设的航空城。围绕阿姆斯特丹机场，当地政府逐步建设航空商业城，使阿姆斯特丹机场航空城逐步发展成为一个集航空枢纽、物流中心、区域经济中心和国际贸易中心于一体的多元综合体，被誉为"欧洲商业界的神经中枢"，即欧洲资源配置中心。

新鲁汶大学城的校城一体化

凭借良好的可步行性、高度混合的城市与校园功能以及富有活力的城市空间，新鲁汶已成为布鲁塞尔周边的一座重要卫星城，并于1982年获得国际建筑师协会阿伯克隆比奖。①紧凑用地。规划建立了"高密度—低层数"的设计原则，以保证适宜步行的街道空间尺度。大学城内的建筑被限定在7层以下，根据街道宽度的不同，建筑层数还会被进一步限制，从而使街道的高宽比控制在2∶1～1∶1。②功能混合。在1000公顷新鲁汶大学城规划范围内，用地被划分为350公顷的城市建设用地、150公顷的科技园区及储备用地、500公顷的农田与森林等生态培育用地，校园用地仅占总用地的35%。在大学城内运营的商店与设施已超过300处，为新鲁汶大学城内所拥有的3.1万居住人口、4.5万日间活动人口与年均800万的游客提供服务。科技产业园的150所企业与5100名员工，进一步丰富了新鲁汶大学城的经济与社会构成。③可步行性设计。在新鲁汶，如何处理现代机动车交通所带来的街道尺度与空间形态变化以及混合交通所带来的干扰，是新鲁汶大学城所面对的一个核心问题。首先，为减少穿越式机动车交通，规划范围内仅规划两条穿行机动车道，其他与城市干道相连接的道路都采用了尽端式设计以服务相应的出行需求。其次，集中公共停车场、公共汽车站点与轨道交通站点作为对外交通枢纽，从而提高公共空间以及相关公共服务设施、教育设施与商业空间的交通可达性，并缓解城市中心区的交通拥堵与停车问题。最后，结合原有地形建设多层平台作为交通枢纽的空间载体。

（三）强化新城节点作用，支撑京津冀城市群区域性轴线发展

综观英国、法国、日本和美国各国新城，尤其是首都周边新城的建设历程，虽然政治制度、发展阶段、地域环境等因素各有不同，但在规划引导新城建设时，都尝试将新城放到周边都市圈、城市群等更大区域统筹考虑，大多都呈现一种由中心沿特定轴线向外扩散的空间形态，由若干高度关联的全球城市及其附属城市组成的"城市发展轴"已经成为全球经济增长的重心（例如以95号州际高速公路为脊梁的美国东北部城市群、沿新干线的日本城市群等），国内城市群区域以轴线模式推进区域资源和要素整合的思路也非常明确（例如粤港澳大湾区提出的"广深科技创新走廊"、长三角提出的"沪嘉杭G60科创走廊"等）。实践证明，轴向发展规划既保证了与中心城的紧密联系，同时也把建设投资有效聚焦在轴线的重要新城和重大项目上，能在较短时间内形成规模，吸引人口和产业集聚，并带动周围地区发展。因此，新时期北京新城发展也要顺应这一城市发展规律，置于京津冀大区域和重点轴线背景下综合考虑。

《京津冀协同发展规划纲要》中提出了京津、京保石、京唐秦三条发展轴，

京雄、京沈、京张轴的基础条件也正在完善，这些发展轴将成为京津冀地区资源、要素集聚的重点地区，也是中心城相关功能疏解和重点建设工程的主导方向。新城要依托重要交通廊道及机场、新城等重要节点，加强与河北、天津的协同联动，推动形成大中小城市协调发展、分工有序的网络化城镇体系。

一是发挥交通通道对新城的要素聚集、流通作用。处于京津、京保石、京唐秦三条发展轴上的大兴、亦庄、房山等，处于京沈、京张轴线上的顺义、怀柔、密云、昌平、延庆等，都要结合廊道优化和站点设置，提前谋划相关空间、功能布局和基础设施、公共服务配套，推动要素在新城聚集、放大，夯实新城作为城市群网络重要节点的基础条件，为在京津冀区域形成沿交通要道布局的产业链和创新链创造条件，实现资源要素更广阔范围的合理、高效配置。

二是增强与发展轴上其他城市的产业协作。依托主园—分园、园区共建等不同方式，采用"研发＋中试＋制造""设计＋制造""总部＋生产"等多种模式，强化新城与中心城，与轴线上天津、河北其他城市的分工合作，形成京津冀区域间产业合理分工和上下游联动机制，加快构建形成"区域均衡、梯度衔接"的产业发展格局，在产业细分领域培育转型升级示范和经济增长点。

三、创新完善新城发展机制，激发新城发展活力

下决心转变新城与中心城之间"父子"式的、按照行政层级界定的资源配置模式，构建"兄弟"式的城市发展功能关系，注重品质提升、注重改革创新，激发发展活力，为高质量发展探索新模式。

（一）布局重大功能性项目，提高新城发展势能

强化市级统筹，结合"十四五"规划和各类重大专项行动，综合考虑各新城资源禀赋、发展基础、优势长项等因素，下大决心在新城布置具有标志性、经济社会效益高的重大活动、项目和设施，吸引人才、企业集聚和功能完善，带动周边地区发展，服务保障首都功能的同时提升新城地位和城市形象。

（二）提升城市发展品质，彰显新城独特魅力

一是创造绿色宜居环境。推进城市绿化隔离地区郊野公园环和九条楔形绿色廊道建设，合理控制中心城区向外蔓延和防止新城间连片发展。打破以用地性质决定公园建设类型的建设模式，因地制宜地定位公园绿地类型，在缺乏休闲游憩空间的区域，通过新建城市公园或对现状公园绿地进行改造提升，满足市民游憩需求；在游憩需求已得到有效满足的区域，建设以生态功能为主的公园绿地。结

合市民需求，合理配置公园绿地功能，建设一批以"城市森林公园""湿地森林公园"等功能复合、匹配市民需求的大尺度公园绿地。大兴区加快启动实施北京大兴南苑森林湿地公园；顺义区和昌平区加快推动温榆河公园前期工作；房山区加快研究推动永定河滨水森林公园。依托河湖水系、公路、铁路构建与区域自然景观、人文景观相协调的绿色生态廊道，形成整体的生态系统循环网络，同步打造连接城市各功能区间的慢行体系，引导市民绿色出行。

二是彰显城市人文魅力。强化城市设计的引导作用，精雕细琢城市街道和公共空间，打造展示新城独特的魅力窗口。对新城空间形态、景观视廊、建筑高度、第五立面等进行全面控制和引导，整体风貌协调统一。顺义新城、亦庄新城、大兴新城建设具有平原特色的风貌区，房山新城、昌平新城建设具有山前特色的风貌区，生态涵养区新城建设山区特色的风貌区，建设宜居宜业的美丽家园。

三是提升城市服务品质。一方面，要结合全市优质服务资源调整优化的契机，积极引导布局大型服务设施和公共活动空间，带动周边区域活力的整体提升。另一方面，要立足实际需求，有针对性地完善文化、商业、休闲、娱乐等相关功能，为不同收入水平、不同职业构成、不同年龄阶段人群提供多元化选择，既要有面向年轻人的露天音乐厅、影剧院、购物中心等，也要有面向老年人的博物馆、艺术中心、康养中心等，通过提供丰富多样的服务设施激发新城活力。例如房山新城的燕房和良乡两个组团的人口发展趋势体现出较大差异，燕房地区属于传统的国有企业家属区，老龄化趋势相对更加明显，应加强燕房地区的养老、福利设施布局和传统社区的设施更新；而良乡地区人口增长迅速，是房山新城未来人口发展的主要地区，因此应加强幼托机构、中小学、妇幼保健等设施建设。同时，还要注重配套设施的等级、规模数量、空间布局、交通关系等方面的有机整合。

（三）注重改革创新，激发新城发展内生动力

一是建立市级重大资源配置机制，统筹规划优质医疗、教育资源疏解—承接战略布局，促进优质公共资源在各新城均衡分布，建立疏解承接转移补偿制度，在公共服务、用地等指标方面，激励、引导新城承接中心城适宜功能与人口疏解。必须注重用改革的办法解决发展中存在的问题，激发活力和创造力。

二是进一步提高市、区两级政府财权事权匹配度。研究推动市、区两级政府财政事权改革，进一步划分市、区两级在基础设施、公共服务、重点产业发展等

领域的权责，充分发挥各区政府积极性，提高行政效率。重点研究推进部分市级权限向新城下放，扩大新城发展自主权，允许新城率先探索，先行先试。

三是在新城集成放大各项政策效应，重点集成使用北京新一轮服务业扩大开放政策。引导北京市服务业扩大开放的六大重点领域，即科学技术服务、互联网和信息服务、文化教育服务、金融服务、商务和旅游服务、健康医疗服务等在新城集中布局，放宽市场准入，向各类资本开放，积极引导社会资本进入国际学校、国际医疗、国际社区等领域建设，提高新城国际化服务水平，以国际化促高品质发展。

四是加强人才和干部保障。优先在新城探索、落地实施多样化的住房保障政策，对符合新城功能定位的人才，在"居转户"、购房资格等方面给予倾斜性政策。探索建立园区与周边住房定向供应机制，通过"先租后售""双定双限"等集聚适用人才。探索在子女入学、医疗保健、出入境管理等方面针对适用人才的倾斜性政策和服务。围绕新城比较薄弱的领域和岗位，建立中心城与新城干部人才交流机制，进一步增强新城领导干部和专业人才配备。推行职务与职级并行等制度，激励干部安心基层、担当作为。

五是完善新城考核评价体系。研究制定公平公正的新城建设考核评价体系，针对新城功能定位和发展导向实行分类考核，突出考核评价的正向激励和负向约束，将考核评价结果与各类政府资金投入、转移支付、用地指标相挂钩，进一步调动新城发展积极性。

课题委托方：北京市发展和改革委员会基础设施处
课题负责人：刘秀如
执笔人：北京市经济与社会发展研究所
    刘作丽 朱跃龙 常艳 王术华
    李金亚 吴伯男 张悦
    北京市发展和改革委员会基础设施处
    王宁 才山 苏宝健

第八章 深化区域改革开放，构建京津冀城市群利益共同体

第一节 推进城市群高标准多层次协同联动

缺乏科学完善的协同发展体制机制架构是阻碍京津冀协同发展的重要原因，建议加强央地、府际组织协调体制机制建设，完善一体化规划、发展机制，推进京津冀世界级城市群建设。

一、建议完善央地联动城市群建设组织领导体制机制

相比国内其他城市群，京津冀城市群中的北京是我国首都所在地，行政级别高于一般直辖市，且存在以中央企业为主的高端非首都功能资源疏解的特殊性，在建立完善城市群利益协调与互动合作机制时，需要特别处理好纵向中央政府与地方政府之间的关系。在京津冀协同发展领导小组发挥战略决策作用的基础上，可以建立完善下设决策咨询委员会和各专业领导小组。通过设立由相关部委牵头的专业领导小组，分别负责交通等基础设施、生态环境、产业协作、市场一体化和公共服务等，有利于明确各部门具体任务，协调三地之间的协同难题以及世界级城市群建设总目标达成。

二、建立健全地方政府间多层联动协调机制

地方政府间协调合作是促进京津冀城市群发展的重要因素，要丰富完善京津

冀协同发展联席会议的层次。参照长三角区域合作机制，形成"三级运作、统分结合、务实高效"的决策层、协调层和执行层三个层次的城市群合作推进机制。将京津冀三地主要领导人座谈会作为城市群建设发展常设决策机制，具体负责辖区问题，并直接和各专业领导小组沟通。主要领导座谈会每年召开一次，审议、决策关系区域发展重大事项，是地方政府间最高层次的协调合作机制。协调层是常务副市（省）长参加的京津冀城市群合作与发展联席会议，主要任务是落实好主要领导座谈会部署，协商合作发展的方向和重点，下设办公室负责贯彻落实重大事项和重点目标任务。执行层是在主要党政领导座谈会和联席会议的指导下，推进具体任务，包括设在直辖市（省）发改委的"联席会议办公室""重点合作专题组"，重点专题组视合作进展情况动态调整，包括交通、生态、产业三个重点突破领域以及科技、公共服务等重点专题，京津冀城市群 13 个城市相关部门负责具体项目执行。

三、完善都市圈规划统筹、一体化发展体制机制

自京津冀协同发展战略实施以来，以《京津冀协同发展规划纲要》《北京城市总体规划（2016 年 – 2035 年）》《河北雄安新区规划纲要》等一系列规划批复实施为标志，京津冀主要城市发展的顶层设计和规划体系基本确立，"一核两翼"的北京城市未来的新骨架已经描绘清晰。但京津冀城市群规划，首都圈规划，天津、石家庄等次级中心都市圈规划并没有落实落细。世界级城市群仅有"一主两副"是不够的，需要强化区域其他中心城市的增长极和城市群支点作用。推广北京城市副中心与北三县统一规划、统一政策、统一标准、统一管控模式，完善都市圈一体化发展体制机制。

四、加快推动《首都法》制定实施

政治中心、国际交往中心的主导权在中央，在文化中心、科技创新中心建设方面，北京可以主动作为。要通过立法在法律层面界定首都的基本职能，建立完善与首都战略定位相适应的首都管理体制和服务保障机制，强化中央政务服务保障功能。要立足迈向中华民族伟大复兴的大国首都，适应重大国事活动常态化的需求，着眼于服务国家总体外交，完善重大国事活动常态化服务保障机制，吸引并服务国际组织和机构落户。

五、构建保障有力的首都财政制度

首都具有中央和地方双重事权，要构建首都财政制度，协调好部委、部队、央企和地方政府的关系，既为北京各项事业的发展提供财力保证，同时为中央、国际交往和重大国事活动提供服务保障。建立完善与中央在京企业的服务对接机制，与北京发展有机融合，扩大首都总部经济的优势和辐射作用。

第二节　优化城市群人才发展保障

人才是发展的第一资源。在干部人才方面，要促进干部跨地交流任职、挂职，使之成为常态化、机制性的制度安排。

一是在共建产业园区方面，要着力培养一批规划建设开发运营人才。一方面，培养一批"懂技术、善经营、会管理"高层次的协同发展园区领导干部。加快构建协同发展领导干部培训机制，促使现有的园区管理干部尽快成为协同发展的"政策通"和"项目通"。另一方面，着力培养一批通用型的园区干部人才。引进培养一批熟悉协同发展政策、规划立项、投融资、开发建设和项目运营全过程的项目管理人才。集聚培养一批覆盖商务、管理、金融、法律等领域的园区通用型专业人才。

二是在人力资源市场一体化方面，要完善人才资源流动政策，建立有利于人才交流的户籍、住房、教育、人事管理和社会保险关系转移制度，深入推进专业技术人才资质、职称资格互认。

第三节　促进城市群创新和产业协同

城市群协同发展的根本在创新，要构建京津冀协同创新共同体，形成分工合作、有机耦合的产业体系。

一、构建京津冀协同创新共同体

目前，京津冀协同创新仍处于项目对接的阶段，创新合作形式多为委托研究或技术转让。要打造创新服务共同体，整合三地资源，开放共享，建立完善城市群产学研资源共享机制。充分发挥北京的科技研发优势和辐射带动作用，加快与津冀对接合作的机制和能力建设，加强科技创新成果向现实生产力转化。聚焦钢铁、装备、石化、建材、食品、纺织等重点行业智能化、数字化升级改造需求，搭建相关工业互联网平台，加快区域产业链供应链协同合作。

二、推动产业园区共建与产业政策协同

根据不同区位条件加强园区布局统筹，避免同质化建设。争取国家在跨省市投资、产业转移、园区共建等方面的支持政策，促进产业顺畅转移承接和重点产业链构建。积极研究制定社会保障、高新技术企业、产品、专业技术人才、劳动用工资质跨省市互认等政策措施，确保能耗、环保等指标能够跟随转移企业纳入承接地环境容量。加强非首都功能疏解迁出地与承接地的政策对接，优化细化《北京市新增产业的禁止和限制目录》，加大产业环节甄别，充分发挥北京高精尖产业的辐射带动作用，在京津冀更大范围补链、强链、延链，促进国家产业和技术安全，推动城市群产业深度分工、高效协同。

三、完善区域利益共享机制

理顺跨域投资、产业转移和园区共建等收益分配机制。鉴于 2015 年出台的《京津冀协同发展产业转移对接企业税收收入分享办法》在企业迁入地和迁出地之间进行"产值分计、税收分成"的政策，由于前期疏解企业大多为市属或民营相关企业，规模不大，加上地方政府间按照税种进行分成的可操作性相对较差，政策落地实施情况并不理想。建议进行改革更新，对政府主导疏解搬迁的企业，可以考虑在疏解后的 15～20 年内按照存量与增量进行划分，将疏解企业存量的营业收入、税收及增加值等留在北京，将增量的营业收入、税收及增加值等归属迁入地。

四、探索共建数字园区模式

产业数字化分工合作是产业协同的新趋势。统筹规划大数据、云计算、物联

网、5G、区块链等园区数字基建，尤其是在数据交换、数据接口、开放模式、数据安全等方面建立规范和标准，在此基础上，推动区域企业研发设计、生产加工、经营管理、销售服务等业务流程的数字化转型。打通产业链上下游企业数据通道，促进全产业链的数字化，推动生产与金融、物流、交易市场等渠道打通，促进全渠道、全链路供需精准对接，形成新型产业链生态和分工合作模式。

五、共建自由贸易试验区

京津冀三地自贸区各具特色，但缺乏政策合力，要加强顶层设计，叠加三地的自贸区政策优势，以航空港等的联动为抓手，提高开放层次，整合三地资源，加强规划计划落实，合理分工布局，避免同质化竞争，实现优势互补，深入推动三地各自贸片区联动发展。对标对表市场化、国际化的营商环境要求，创造有利于自贸区发展的营商环境，更好地服务于自贸区企业。提高管理水平，减少行政审批流程，最大限度地简化通关手续、降低通关成本。以首都机场临空经济区、天竺综保区、亦庄保税物流中心、马坊陆港物流基地、京唐港、秦皇岛港等为依托，加强与天津、石家庄等自贸片区互动，推动三地自贸区联动发展。

六、发挥行业协会等市场主体作用推动产业协同

行业协会等专业组织是推动行业资源配置优化、促进行业发展的重要力量。要加快补齐京津冀城市群"政府＋市场＋行业协会"的多元协同治理短板，形成更加高效的市场、更加有为的政府。加快推进行业协会与行政部门脱钩改革，明确政府与行业协会的责任和职能，建立政府与行业协会之间的信息互联共享机制，推动产业项目更好地转移落地。

第四节　促进基本公共服务均等化和社会协同治理

区域基本公共服务均等化和社会治理一体化是城市群协同发展的基础和保障，也是政府推动协同发展的直接抓手，要加快城市群基本公共服务均等化改革创新，加快社会治理一体化进程。

一、加快基本公共服务均等化改革创新

完善京津冀教育协同发展机制。建立完善三省市教育部门定期沟通协商和对接机制。完善三省市高等学校招生计划联合会商制度和职业教育重要事项会商机制。围绕北京"两翼"、大兴国际机场临空经济区、"通武廊"等重点地区，继续推动京津优质中小学及幼儿园采取教育集团、学校联盟、结对帮扶、委托管理、开办分校等方式，与河北省中小学及幼儿园开展跨省域合作办学。支持有条件的央属高校到天津市、河北省与当地教育行政部门协作，共建附中、附小、附幼。

优化区域医疗资源布局，推进医疗卫生服务一体化。配合国家对医疗机构的疏解，加强与国家部委对接联系，推动医疗机构向北三县和其他交界区域布局，加快区域医疗中心建设，提升区域医疗卫生服务能力，促进更多患者就近就医。逐步统筹三地医保政策和具体标准，解决京津冀之间在药品报销范围、医保报销起付线等方面存在的具体差异，在京津冀之间逐步实现医保服务一体化。探索试行京津冀跨省市医师多点执业，促进医疗卫生人才合理流动。

推动养老社保一体化发展。落实跨区域养老机构补贴、统一机构服务质量评定标准等鼓励支持政策，坚持和推广医养结合养老模式，依托既有养老项目和当地资源，积极导入北京医疗资源，带动社会资本发展养老产业，不断壮大机构运营市场，提高养老服务社会化水平。

参照长三角生态绿色一体化发展示范区，在京津冀合适区域加快探索将行政部门合并，对教育、医疗、养老、交通、环保、水利等进行统一管理，探索地区政府间统一规划、联合开发、共建共享、协同治理机制。

二、建立完善城市群协同治理机制

完善区域公共卫生等重特大应急事件协同联动机制。贯彻落实习近平总书记关于新冠肺炎疫情防控工作系列重要讲话和重要指示精神，持续推进卫生应急、疾病预防控制、防灾减灾、应急救援一体化建设，推进重点城市和都市圈防灾、减灾、救灾一体化、同城化。推进应急救灾物资储备系统建设，形成城市群救灾物资、生活必需品、医药物资和能源物资储备库网络体系。加强区域管理和社会治安防控体系建设，建立区域公共安全风险防控标准体系和规划体系，提升区域安全保障能力。

健全智慧服务体系，推进城市群管理精细化、数字化、智能化。加快城市智慧应用场景建设，在国内率先形成跨区域的"城市数据大脑"，构建多渠道、便捷化、集成化信息惠民服务体系，完善城市群网格化、信息化、专业化的社区治理机制，建设现代韧性智慧城市群。

畅通公众参与城市治理的渠道，提升多元共治水平，构建社会治理新模式。培育社会组织，加强社会工作者队伍建设，调动企业履行社会责任积极性，形成多元共治、良性互动的治理格局。

第五节　促进区域市场一体化

统一开放的市场体系，是保证区域内资源要素自由流动、高效配置的关键。

一、统筹建立市场准入制度

打破行政壁垒，消除歧视性、隐蔽性的区域市场准入限制，根据城市群城市功能定位，在统筹规划和产业分工下构建差异化的市场准入标准。实行统筹的市场准入制度、统一资格认证和商标保护、统一资信认证标准，建立区域性安全认证机构等，形成区域统一的营商环境。

二、构建城市群一体化市场运行机制

建立城市群市场协同运行模式、区际协调的市场治理机制和有机联动的市场运行机制。探索地区政府间统一规划、联合开发、共建共享、协同治理等机制，形成统一的政策制定和实施机制，促进城市群间政策协调，对区域整体要素流动进行宏观调控。在政务服务区域通办、标准互认和采信、检验检测结果互认和采信、三地自贸区联动、信用体系合作共建等方面，构建统一、开放、竞争、有序的区域一体化市场运行机制，推动形成城市群统一大市场。

三、建立完善统一规范的交易平台和交易制度

在城市群内培育发展多功能、多层次的综合性产权和各类要素交易市场，推动资源要素在区域内的高效配置和合理布局。尤其是在基础设施建设、公共资源

开发和生态环境治理等领域，培育发展各类产权交易平台和资金流动平台，促进重要资源在城市群内的规范合理开发使用和公平配置。建立健全用水权、排污权、碳排放权、用能权初始分配与交易制度。在北京建设区域性排污权、碳排放权等交易市场。建立健全用能预算管理制度。积极争取在北京设立京津冀证券交易所，弥补北方没有证券交易所的短板，促进资本在全国的合理有效配置和流动，支撑京津冀城市群发展。

四、协同推进城市群营商环境整体优化

推广北京市优化营商环境的经验做法，整体提升京津冀城市群营商环境。以法治化、国际化、便利化为导向，建立京津冀跨省市企业投资项目统筹协调机制，促进投资管理服务"一张网"建设。按照市场准入制度和标准，依法依规给予不同企业主体同等待遇。提高行政审批效率和服务水平，加快构建以信用为核心的监管机制。强化京津冀跨区域执法协作，努力把京津冀城市群打造成为国际一流的营商环境高地。

第六节　推进生态环境协同治理、共建共享

面对区域生态环境建设治理向纵深拓展，制度建设和机制创新是生态环境协同的重要保障。在治理方面，在大气污染治理联防联控基础上，要构建整体性、系统化、立体式的综合治理体系，进一步打破单一的地区治理模式。在建设方面，要构建好区域生态环境共建共享机制，在跨境河流、水源保护、生态功能区建设等重点方面，开展水资源合作共管、横向生态补偿、生态工程共建等体制机制创新。

一、加强机构建设，设立城市群生态环境治理建设专题组

生态环境协同专题组与"联席会议办公室"一道，设立在直辖市（省）发改委，主要通过地方政府间制度合作、行政磋商、指导相关协会互动，开展跨地区合作。一是负责制定和完善城市群区域生态环境建设治理规划，协调重大生态环境建设治理项目的审批等。二是监督规划实施，协调三地利益，确保城市群地

方政府生态环境治理效果。三地环保部门是重要政府成员单位，相关专业领域协会、非政府组织也可以纳入进来，并进一步明确各自分工、职责。

二、打破三地分而治之模式，构建整体性、系统化、立体式综合治理体系和联防联治联建模式

推动三地生态环境治理的联合立法和协同执法，建立山水林田湖草沙冰生态系统保护修复和污染防治联动机制和模式。完善跨流域河流水环境治理联席会议机制，以永定河、潮白河、大清河等较大跨区域水系为重点，统筹规划实施跨界河流污染整治和生态修复，完善跨界河流交接断面水质目标管理和联合执法，探索建立河流水资源共管机制；建立统一的城市群空气质量监测和联防联控体系；建设统一高标准的垃圾处理设施，加大土壤污染、地下水超采、城市生活污水、农业农村面源污染等防治，形成综合系统建设治理机制和模式。引入政府、社会组织、相关企业等多方主体，设立城市群生态环境合作发展基金，强化社会参与，形成利益相关方共同建设生态环境的良好局面，并形成治理合力。

三、建立完善横向生态补偿机制

按照谁受益、谁补偿，资源共享、公平发展的总体原则，科学界定补偿主体和受偿主体，明确补偿范围、补偿依据、补偿标准，明确补偿双方的权利和义务，通过资金补偿、实物补偿、能力补偿、政策补偿等多种方式，在上下游联系关系最密切、生态效益最明显的水资源保护和森林资源保护两大领域先行试点，探索建立跨行政区的多维长效横向生态补偿机制。结合北京自贸区设立全国自愿减排等碳交易中心，探索建立市场化、多层次、高标准的生态补偿机制，创新推动京津冀城市群生态环境治理建设的成本共担与收益共享。

执笔人：李金亚　孟香君